Jürgen Matzat

Wegweiser Selbsthilfegruppen
Eine Einführung für Laien und Fachleute

Reihe »edition psychosozial«

Jürgen Matzat

Wegweiser

Selbsthilfegruppen

Eine Einführung
für Laien und Fachleute

Psychosozial-Verlag

Bibliografische Information der Deutschen Bibliothek
Die Deutsche Bibliothek verzeichnet diese Publikation
in Der Deutschen Nationalbibliografie;
detaillierte bibliografische Daten sind im Internet
über <http://dnb.d-nb.de> abrufbar.

© 2004 Psychosozial-Verlag
E-Mail: info@psychosozial-verlag.de
www.psychosozial-verlag.de
Komplett überarbeitete Neuauflage
der Ausgabe von 1997 (Psychosozial-Verlag),
die auf der Ausgabe von 1995
© Knoll Deutschland GmbH beruht.
Umschlagabbildung: Standbild »Die Schwätzer«,
Gießen, Seltersweg/Ecke Plockstraße,
Foto: Hans-Jürgen Wirth
Umschlaggestaltung: Christof Röhl
nach Entwürfen des Ateliers Warminski, Büdingen
Satz: Vera Kalusche
Printed in Germany
ISBN 978-3-89806-324-1

Inhalt

Anhang

WEGWEISER
SELBSTHILFEGRUPPEN

Eine Einführung für Laien und Fachleute [1]

Wozu dieser Wegweiser?

Selbsthilfegruppen sind heutzutage populär. In vielen Fernsehsendungen werden sie erwähnt, insbesondere wenn es um Fragen der Gesundheit geht. Zeitschriftenartikel enden häufig mit Hinweisen auf Selbsthilfegruppen, denen sich Betroffene anschließen können oder wo sie entsprechende Informationen erhalten können. In der Politik erschallt immer häufiger der Appell an die Bürger zu mehr Selbsthilfe, zumal in Zeiten knapper Kassen. Krankenkassen verweisen ihre Versicherten auf Selbsthilfegruppen, deren Kompetenz und Beratungsleistung zunehmend anerkannt wird. Immer mehr Ärzte und andere Fachleute der medizinischen und psychosozialen Versorgung sind zur Kooperation mit Selbsthilfegruppen bereit. Neuerdings sitzen sachkundige Bürger, die von der Selbsthilfe benannt wurden, sogar als Patientenvertreter in Selbstverwaltungsgremien unseres Gesundheitswesens. Das Image von Selbsthilfegruppen ist ein außerordentlich positives; sie genießen einen hohen Vertrauensvorschuß.

---

[1] Im Interesse der Lesbarkeit wurde darauf verzichtet, in jedem Falle männliche *und* weibliche Sprachformen zu benutzen. Es versteht sich von selbst, daß z. B. Patientinnen und Ärztinnen gleichermaßen gemeint sind.

Es gibt zwar inzwischen bald hunderttausend Selbsthilfegruppen in der Bundesrepublik mit schätzungsweise zwei bis drei Millionen Mitgliedern. Aus wissenschaftlichen Untersuchungen ist aber bekannt, daß die Bereitschaft, sich im Falle von Krankheit oder persönlicher Krise einer Selbsthilfegruppe anzuschließen, noch sehr viel höher liegt (nach einem Umfrageergebnis bei 76 % der Bevölkerung) und weiterhin wächst. Dennoch ist die reale Teilnahme sehr viel geringer, das Potential an Selbsthilfefähigkeit und Selbsthilfeinteresse in der Bevölkerung ist noch längst nicht ausgeschöpft.

Was hält Menschen davon ab, eine Selbsthilfegruppe zu gründen oder sich einer anzuschließen? Im Wesentlichen dürften hierfür drei Faktoren verantwortlich sein: mangelnde Information, fehlende Unterstützung und zu große Ängste. Hier setzt dieses Buch an. Es soll

- denjenigen, die noch wenig über Selbsthilfegruppen wissen, erste grundlegende Informationen geben;
- Mut machen, über diese ergänzende Möglichkeit der Versorgung bzw. der Eigenaktivität nachzudenken;
- konkrete Wege aufzeigen, wie Sie sich eine passende Selbsthilfegruppe vor Ort suchen können,
- wo man Sie bei der Gründung einer neuen Selbsthilfegruppe unterstützt und
- wo Sie geeignete Fachleute finden, mit denen Sie solche Fragen im persönlichen Gespräch weiter erörtern können.

Es wäre schön, wenn dieses Buch in den Wartezimmern von Arztpraxen, Beratungsstellen und Kliniken ausliegen würde. Dort sitzen naturgemäß viele Menschen, die sich mit einer Krankheit oder mit einer seelischen Störung auseinandersetzen müssen. Zum Glück ist diese ja in vielen Fällen gut behandelbar. Die Symptome verschwinden dann bald, und die Patienten können danach wieder leben, wie zuvor. Immer häufiger aber hat es die Medizin mit Krankheiten zu tun, welche zwar gelindert, aber nicht endgültig geheilt werden können. Wir sprechen dann von chronischen Erkrankungen. Sie schreiten kontinuierlich fort, oder sie kehren in Phasen oder Schüben immer wieder. Auch die krankheitsfreien Intervalle sind häufig bestimmt von Ängsten, ob und wann die Symptome wieder auftauchen werden. Diese Patienten haben sich auf Dauer darauf einzustellen. Sie müssen mit der Krankheit leben lernen. Dabei Hilfestellung zu leisten, wird eine immer wichtigere Aufgabe für die Ärzteschaft. Seelische und soziale Aspekte von Gesundheit und Krankheit, von Genesung und Rehabilitation müssen stärker berücksichtigt werden. Und die Beteiligung der Patienten selber an diesen Prozessen muß gefördert werden. Hier spielen Selbsthilfegruppen eine ganz entscheidende Rolle. Der Hinweis auf solche Gruppen, die Besprechung von deren Möglichkeiten und Grenzen, wie auch die Kooperation mit ihnen wird im Rahmen ärztlicher Tätigkeit einen immer höheren Stellenwert bekommen. Die Bundesärztekammer hat dies längst erkannt und ein sog. »Patientenforum« mit Vertretern der Selbsthilfe eingerichtet.

Ärzte und Ärztinnen haben eine ganz zentrale Position in unserem Gesundheitswesen. Bei aller Kritik, die in den letzten Jahren laut geworden ist, sind sie doch für viele Patienten die wichtigste Informationsquelle in Gesundheitsfragen und Vertrauenspersonen, mit denen man ggf. im Schutze der Schweigepflicht über sehr Persönliches, ja Intimes sprechen möchte. Nicht nur über die medizinischen Aspekte der Erkrankung im engeren Sinne, sondern auch über Ängste und Befürchtungen, die sich daran knüpfen, über mögliche Auswirkungen auf Familie, Beruf und Freizeitgestaltung. Ob von ärztlicher Seite dabei auch auf Selbsthilfegruppen hingewiesen wird, und vor allem, wie dies geschieht, kann von entscheidender Bedeutung für die weitere »Patientenkarriere« sein. Einzelne Ärzte haben sich in dieser Hinsicht bereits stark engagiert. Eine ganze Reihe örtlicher Selbsthilfegruppen und insbesondere bundesweit tätiger Zusammenschlüsse von Menschen mit chronischen Erkrankungen und Behinderungen wurden unter tätiger Mithilfe bzw. auf Initiative von Medizinern gegründet. Insgesamt ist diese Berufsgruppe jedoch noch zu wenig aktiv in diesem Bereich. Die Wünsche der Selbsthilfegruppen an die Ärzteschaft sind klar: Steht uns gelegentlich für Fachvorträge sowie für Erfahrungs- und Meinungsaustausch zur Verfügung; vor allem aber: weist Eure Patienten auf unsere Selbsthilfe-Aktivitäten hin und unterstützt sie dabei, den Mut zum ersten Schritt zu finden. Die Möglichkeiten der Ärzteschaft, Selbsthilfegruppen zu fördern und ihren Patienten auch auf diesem Wege weiterzuhelfen, sind bei weitem noch nicht ausgeschöpft.

Wieviele Selbsthilfegruppen gibt es?

Dies ist eine beliebte erste Frage. Wir sind es ja gewohnt, eine große Zahl als Zeichen für Bedeutsamkeit zu nehmen. Den Vielen gebührt die Aufmerksamkeit. Eine kleine Zahl läßt schnell den Eindruck aufkommen, es handele sich um »Außenseiter« oder »Randgruppen«.

Die Frage ist nicht leicht zu beantworten, da eine exakte Zählung praktisch unmöglich ist. Dies hat mit der unendlichen Vielfalt von Selbsthilfe-Zusammenschlüssen zu tun, welche auch von Fachleuten kaum noch zu überschauen ist. Selbsthilfegruppen entstehen ständig neu, und manche lösen sich wieder auf. Teilweise sind sie als Vereine organisiert, die dann natürlich über ihre Mitgliederzahl exakt Auskunft geben können. Andere wiederum arbeiten als offene und informelle Gesprächskreise, deren Teilnehmerschaft stark schwanken kann, oder sie möchten ganz anonym bleiben. Manche wenden sich sehr stark nach außen und sind daher leicht zu finden. Andere arbeiten lieber im Verborgenen für sich. Und schließlich gibt es vielfältige Übergänge und Mischformen zu anderen Gruppenaktivitäten (z. B. Kursen, Seminaren, Gruppenpsychotherapien), so daß es auch Wissenschaftlern manchmal schwer fällt, ganz eindeutige Definitionskriterien zu bestimmen.

Wir sind also teilweise auf Schätzungen und Hochrechnungen angewiesen. Diese sind jedoch inzwischen gut untermauert durch vielfältige Praxiserfahrung von Selbsthilfegruppen-Unterstützern vor Ort wie durch wissenschaftliche Untersuchungen, z. B. im Rahmen von Modellprogrammen der Bundesregierung. Danach können wir davon ausgehen, daß es zwischen 70.000 und 100.000 Selbsthilfegruppen in der gesamten Bundesrepublik gibt mit zwei bis drei Millionen Mitgliedern. In städtischen Regionen sind sie stärker verbreitet als in ländlichen Gebieten. In den alten Bundesländern haben sie eine längere Tradition als in den neuen.

Die Anzahl von Selbsthilfegruppen und ihrer Mitglieder nimmt weiterhin kontinuierlich zu, insbesondere in solchen Städten und Landkreisen, wo es fachlich qualifizierte Unterstützungsangebote für sie gibt.

Zu welchen Themen gibt es Selbsthilfegruppen?

Ganz pauschal könnte man sagen: Es gibt inzwischen kaum noch ein gesundheitliches oder soziales Problem, zu dem sich noch keine Selbsthilfeinitiative entwickelt hat. Es gibt welche für Senioren und für Frauen, für chronisch Kranke und Behinderte, für Süchtige und psychisch Kranke, für Geschiedene und Alleinerziehende, für Angehörige von Strafgefangenen und für Eltern herzkranker Kinder.

Das Spektrum reicht von A bis Z, von Alkoholismus bis Zwillingseltern, von Allergie bis Zöliakie. Allerdings muß man hinzufügen, daß nicht an jedem Ort zu jedem Thema eine Gruppe vorhanden ist. Z. B. liegt es bei sog. seltenen Erkrankungen in der Natur der Sache, daß oft gar nicht genug Betroffene in einer Region vorhanden sind, um motivierte Aktive in hinreichender Zahl zu finden. Hier muß dann auf überregionale Zusammenschlüsse zurückgegriffen werden, oder technische Medien müssen den unmittelbaren persönlichen Kontakt ersetzen.

Etwa 75% aller Selbsthilfegruppen sind dem Gesundheitsbereich zuzuordnen. Deswegen ist dieses Buch auch so »gesundheitslastig« und bezieht die meisten Beispiele aus diesem Bereich.

Was auch immer *Ihre* Krankheit ist (oder eine andere, besonders belastende Lebenssituation): mit großer Wahrscheinlichkeit gibt es hierfür bereits Selbsthilfe-Zusammenschlüsse. Und wenn Sie Interesse daran haben, wird dieses Buch Ihnen dabei helfen, entsprechende Kontakte zu knüpfen oder selber eine entsprechende Gruppe ins Leben zu rufen.

Hier nur eine kleine Auswahl von Stichworten, zu denen es bereits Selbsthilfegruppen gibt, um Ihnen einen ersten Eindruck zu verschaffen:

Adoption
Agoraphobie
Aids
Alkoholsucht
Alleinerziehende
Allergien
Alzheimer
Angst
Arbeitslosigkeit
Asthma
Autismus
Bechterew
Behinderte
Blindheit
Brechsucht
Colitis Ulcerosa
Diabetes
Drogen
Epilepsie
Eßstörungen
Frauen in der Lebensmitte
Graue Panther
Kehlkopflose

Kind im Krankenhaus
Kinderlähmung
Kinderlosigkeit
Kleinwüchsige
Krebs
Lebertransplantation
Leukämie
Linkshänder
Magersucht
Medikamentenabhängigkeit
Mehrlingseltern
Migräne
Mobbing
Morbus Bechterew
Morbus Crohn
Mukoviscidose
Multiple Sklerose
Neurodermitis
Nichtraucher
Osteoporose
Parkinson
Partnerprobleme
Pflege- und Adoptiveltern
Plötzlicher Kindstod
Psoriasis
Psychiatrie-Erfahrene
Rheuma
Scheidung
Sklerodermie
Spielsucht
Stieffamilien

Stotterer
Suchtkranke
Tinnitus
Verwaiste Eltern
Zöliakie
Zwillingseltern

Was genau ist eigentlich eine Selbsthilfegruppe?

Es wurde schon erwähnt, wie schwer es wegen der vielfältigen Erscheinungsformen von Selbsthilfe-Zusammenschlüssen fällt, zu einer klaren und einheitlichen Definition zu kommen.

Die Deutsche Arbeitsgemeinschaft Selbsthilfegruppen, die sich (ganz unabhängig von der jeweiligen Thematik) als Fachverband für die Anregung und Unterstützung von Selbsthilfegruppen einsetzt, hat Selbsthilfegruppen folgendermaßen beschrieben:

»Selbsthilfegruppen sind freiwillige, meist lose Zusammenschlüsse von Menschen, deren Aktivitäten sich auf die gemeinsame Bewältigung von Krankheiten, psychischen oder sozialen Problemen richten, von denen sie – entweder selber oder als Angehörige – betroffen sind. Sie wollen mit ihrer Arbeit keinen Gewinn erwirtschaften. Ihr Ziel ist eine Veränderung ihrer persönlichen Lebensumstände und häufig auch ein Hineinwirken in ihr soziales und politisches Umfeld. In der regelmäßigen, oft wöchentlichen Gruppenarbeit betonen sie Authentizität, Gleichberechtigung, gemeinsames Gespräch und gegenseitige Hilfe. Die Gruppe ist dabei ein Mittel, die äußere (soziale, gesellschaftliche) und die innere (persönliche, seelische) Isolation aufzuheben. Die Ziele von Selbsthilfegruppen richten sich vor allem auf ihre Mitglieder und nicht auf Außenstehende; darin unterscheiden sie sich von anderen Formen des Bürgerengagements. Selbsthilfegruppen werden nicht von professionellen Helfern geleitet; manche ziehen jedoch gelegentlich Experten zu bestimmten Fragestellungen hinzu.«

Mit dieser Definition soll insbesondere deutlich gemacht werden:

- Selbsthilfegruppen beschäftigen sich nicht nur mit körperlichen Krankheiten, sondern sie bearbeiten auch psychische und soziale Probleme.
- Von zentraler Bedeutung ist das Gespräch zwischen den Betroffenen, der persönliche Erfahrungsaustausch, Zuhören, Anteilnahme und Ermutigung. Viele Selbsthilfegruppen arbeiten darüber hinaus oft auch handlungsorientiert oder stellen Information und Aufklärung in den Vordergrund.
- Selbsthilfegruppen entfalten sowohl das Selbsthilfe-Prinzip – das heißt Lösung von Problemen ohne Hilfe Professioneller – als auch das Gruppen-Prinzip – das heißt gemeinschaftliche Problembearbeitung.
- Die Ziele der Selbsthilfegruppen richten sich vor allem auf ihre Teilnehmer und nicht auf Außenstehende. Selbsthilfegruppen sind keine Dienstleistungs-Erbringer, deren Leistungen bei Bedarf jederzeit abrufbar sind. Sie haben keinen »Versorgungsauftrag«. Ihre positiven Wirkungen sind abhängig von dem, was die Teilnehmer an Offenheit, Engagement und individuellen Fähigkeiten einbringen.
- Aktivitäten in Selbsthilfegruppen und Selbsthilfeorganisationen können zwar als eine Form ehrenamtlichen Engagements verstanden werden, dieses richtet

sich aber in erster Linie an die anderen Mitglieder, nicht an fremde Hilfsbedürftige. Es erfolgt aus eigenem Interesse (z. B. an besserer eigener Krankheitsbewältigung) und ist nicht ganz freiwillig, sondern von eigenem Leiden motiviert.

Wem das alles zu kompliziert ist, der mag sich an folgender Kurzformel orientieren:

In Selbsthilfegruppen kommen Menschen zusammen, die unter einem gemeinsamen Problem leiden, um mit vereinten Kräften etwas zu dessen Überwindung beizutragen.

Wichtig ist es jedoch, nicht alles und jedes in beliebiger Weise als ›Selbsthilfegruppe‹ zu bezeichnen. Manchmal geschieht dies allzu leichtfertig, seitdem Selbsthilfe in Mode gekommen ist und einen guten Klang bekommen hat. Es gibt viele andere Formen von Gruppenarbeit – meist mit professioneller Anleitung –, die sich in wichtigen Aspekten von Selbsthilfegruppen unterscheiden. Und es gibt andere Formen informeller Hilfe unter Laien, die nicht die Gruppenstruktur nutzen. In jüngster Zeit beobachten wir mit Sorge den Aufbau oder die Indienstnahme von sog. »Selbsthilfegruppen« für fremde, gelegentlich auch kommerzielle Zwecke, etwa zum Vertrieb eigener Produkte, zur »Kundenbindung« an Kliniken, Praxen, Apotheken oder Hersteller medizinischer Hilfsmittel. Merke: nicht immer ist Selbsthilfe drin, wo Selbsthilfe drauf steht! In Zweifelsfällen ist man gut beraten, bei der örtlichen Selbsthilfe-Kontaktstelle oder bei nationalen Selbsthilfe-

Zentren (Adressen s. Anhang) nachzufragen. Das Internet, das ja als Informationsquelle immer populärer wird, ist hingegen mit Vorsicht zu genießen. Es ist mindestens so sprichwörtlich geduldig wie früher das Papier: jeder kann im Internet alles veröffentlichen, ohne daß die Autorenschaft und die Qualität der Aussagen für die Nutzer immer erkennbar, überprüfbar und bewertbar wäre. Man sollte den dort zu findenden »Informationen« also mit einer gesunden Portion Skepsisbegegnen.

DREI TYPEN VON SELBSHILFEGRUPPEN

Selbsthilfe-Zusammenschlüsse haben sich in ganz unterschiedlichen Strukturen entwickelt, je nach den Eigenarten der vorliegenden Problematik und je nach den Interessen und Fähigkeiten ihrer Mitglieder. Im Wesentlichen finden wir drei Typen von Selbsthilfegruppen vor.

Typ 1: Anonymous-Gruppen

Alle Selbsthilfegruppen des Anonymous-Typs lassen sich zurückführen auf die Anonymen Alkoholiker, die wohl berühmteste Selbsthilfegruppe der Welt. Diese überliefern einen regelrechten »Schöpfungsmythos« von Bob und Bill, scheinbar zwei hoffnungslose Säufer, die im Jahre 1935 in Akron/Ohio (USA) herausfanden, daß sie nicht zu trinken brauchten, solange sie im Gespräch miteinander waren, und daß sie sich als gleichermaßen Betroffene besser verstehen und unterstützen konnten, als es professionelle Therapeuten während ihrer erfolglosen Entziehungskuren je vermocht hatten. Daraus entwickelte sich eine weltweite Bewegung, der sich nach und nach auch Angehörige von Alkoholkranken, andere Drogenabhängige, Spielsüchtige, Menschen mit Essstörungen und seelischen (»emotionalen«) Problemen, neuerdings sogar Kauf- und Liebessüchtige angeschlossen haben. In Amerika gibt es Anonymous-Gruppen für mehr als 70 Problembereiche; dort wird dieses spezielle Konzept mitunter sogar mit Selbsthilfegruppen insgesamt gleichgesetzt.

All diese Gruppen folgen einem Programm der »12 Schritte«, sie akzeptieren eine »höhere Macht« (so wie jeder sie persönlich versteht) und arbeiten nach einem ganz bestimmten Konzept. Sie sind stets »offen«, d. h., jederzeit können neue Interessierte hinzustoßen, wenn sie nur den Wunsch haben, zu genesen und »trocken« zu werden. Die Gruppengespräche bestehen im Wesentlichen aus einer Reihe von Monologen, in denen aus dem eigenen Leben, von der eigenen Sucht, von den Anstrengungen, sie zu überwinden, von Rückfällen und von Erfolgen berichtet wird. Dabei soll jeder von sich selbst sprechen; Fragen oder gar Ratschläge an andere sind verpönt.

Die Balance zwischen Selbst- und Fremdhilfe ist für die Philosophie der Anonymous-Gruppen von zentraler Bedeutung. Für jeden in der Runde ist völlig klar, daß er oder sie wegen sich selber, zur Überwindung der eigenen Krankheit in die Gruppe geht und nicht, um anderen dort zu helfen. Zugleich ist jeder verpflichtet, zum Erhalt der Gemeinschaft beizutragen und die eigenen Erfahrungen weiterzugeben. Selbsthilfe und Engagement für andere sind untrennbar miteinander verbunden. Beides geschieht im selben Moment und am selben Ort, nämlich im »Meeting«, wie die Treffen genannt werden. Was zählt, ist die Beteiligung hier. Eine andere Form von Mitgliedschaft gibt es gar nicht, ehrenamtliches Helfertum nur in sehr geringem Maße, etwa bei den sog. »Sponsoren«, erfahrene Mitglieder, die eine Art Patenschaft für Neue übernehmen, oder bei den »Diensten« für die Gemeinschaft.

Typ 2: Psychologisch-therapeutisch orientierte Gesprächs-Selbsthilfegruppen

Ohne ein festes Programm, wie es bei allen Anonymous-Gruppen vorherrscht, aber ebenfalls mit im weitesten Sinne psychotherapeutischer Zielsetzung haben sich Selbsthilfegruppen diesen Typs seit den späten 70er Jahren in großer Zahl gebildet. Im Jahre 2003 ergab die Recherche im Rahmen eines eigenen Forschungsprojekts ca. 5.000 solcher »Psycho-Selbsthilfegruppen« in Deutschland. In der Regel sind es örtliche Gesprächskreise ohne Anschluß an größere Verbände auf Landes- oder Bundesebene. Etwa fünf bis zehn Menschen finden sich auf Initiative eines Betroffenen zusammen, oft mit Unterstützung durch Fachleute z. B. in Selbsthilfe-Kontaktstellen, um im gemeinsamen Gespräch ihren Problemen auf den Grund zu gehen und zu Lösungen zu finden. Sie selbst definieren den Grund ihres Zusammenkommens und das Thema ihrer Gruppenarbeit, sei es durch psychodiagnostische Fachbegriffe (z. B. »Depression« oder »Panik- und Angststörungen«), bestimmte Verluste (z. B. »trauernde Eltern« oder »Geschiedene«), spezielle familiäre Belastungen (z. B. »Angehörige von psychisch Kranken« oder »Eltern allergiekranker Kinder«), traumatische Erfahrungen (z. B. »sexueller Missbrauch« oder »erwachsene Kinder von Alkoholikern«) oder durch chronische Erkrankung oder Behinderung (z. B. »Insuliner« oder »Stotterer«). Sie treffen sich ohne Anleitung durch eine Fachkraft zu regelmäßigen Gesprächen, manchmal auch zu gemeinsamen Freizeitaktivitäten. Gearbeitet wird mit denen und für jene, die da sind; die Gruppe ist der zentrale Ort des Geschehens. Andere vom gleichen Schicksal Betroffene interessieren erst, wenn sie als potenzielle Gruppenmitglieder in Frage kommen.

Diese Gruppen sind zwar in der Regel bereit, neue Mitglieder aufzunehmen, tun dies aber vor allem mit dem Ziel, den eigenen Bestand zu erhalten, und nicht, um andere zu versorgen. Zeitweilig können sie sogar ganz geschlossen bleiben (»halb-offene« Gruppen), um sich innerlich zu stabilisieren und ihre Arbeitsfähigkeit zu gewährleisten. Wer beitritt, soll nach einer gewissen Eingewöhnungszeit verläßlich entscheiden, ob er oder sie auf Dauer bleiben und dann auch zum Erhalt der Gruppe und zu einem produktiven Gruppenprozeß beitragen will. Das bedeutet vor allem die Bereitschaft, sich zu öffnen, über persönliche Belange, Gefühle und

Ansichten zu sprechen, eigene Erfahrungen mitzuteilen und aus denen anderer zu lernen. Es geht darum, Beziehungen zu den übrigen Mitgliedern aufzunehmen und an deren Schicksal teilzuhaben, sich in deren Problematik einzufühlen, ohne vorschnell mit einem Ratschlag zur Hand zu sein, für sich selbst und für die Selbsthilfegruppe als Ganzes Verantwortung zu übernehmen. Dies alles zu tun, und zwar ohne professionelle Anleitung, vielfach mit geringer oder gar keiner Gruppenerfahrung, weitgehend im Vertrauen auf die eigenen Kräfte und auf die der Mitbetroffenen, das verlangt schon ziemlich viel von einem Menschen: nicht nur einen offen eingestandenen Leidensdruck, sondern auch Mut und Engagement, Experimentierfreude und Bereitschaft, sich auf Neues einzulassen, sowie soziale Kompetenz und die Fähigkeit, sich in eigene und fremde seelische Prozesse einzufühlen. In solchen notwendigen Voraussetzungen (»Ressourcen«) liegt auch der Hauptgrund dafür, daß Selbsthilfegruppen diesen Typs für viele Menschen eben kein angemessenes Instrument sind und weshalb viele sie auch schnell wieder verlassen. Wer es jedoch schafft, auf Dauer in einer solchen Gesprächsgemeinschaft mitzuarbeiten, der kann Erfolge erzielen, die denen einer professionellen Gruppentherapie durchaus vergleichbar sind.

Typ 3: Selbsthilfe-Organisationen

Der dritte Strang sind die so genannten Selbsthilfe-Organisationen, die sich in unserem Land vor allem in den 70er Jahren gebildet haben – wenn auch einige

Klassiker wie die Lebenshilfe für geistig Behinderte oder der Deutsche Blindenverband noch um etliches älter sind. Der Deutsche Allergie- und Asthmabund, gegründet 1897 als Heufieber-Bund, konnte sogar schon seinen 100. Geburtstag feiern. Auch die älteren Verbände der Abstinenzbewegung wie Blaues Kreuz, Guttempler oder Kreuzbund stammen bereits aus dem 19. Jahrhundert, haben aber wohl erst seit den 70er Jahren ihren Charakter als Selbsthilfeorganisation von Betroffenen stärker entwickelt. Die Verbände chronisch kranker und behinderter Menschen sind vielfach auf Initiative und unter Mitwirkung von Medizinern entstanden, die ihre Patienten ermutigten, ihre Interessen selber zu vertreten und öffentlich auf ihr Schicksal und auf Mängel im Versorgungssystem aufmerksam zu machen. Man organisiert sich nach den Vorgaben des Vereinsgesetzes mit Satzungen, Vorstandswahlen, Mitgliedsbeiträgen usw. und nach den föderativen Strukturen unseres Landes in Bundes- und Landesverbänden, sowie mit lokalen Selbsthilfegruppen oder zumindest einzelnen Verbandsmitgliedern als betroffenen Kontaktpersonen vor Ort. Die Hauptziele der Aktivitäten sind vielfach die Aufklärung und Information von Patienten über diagnostische, therapeutische und rehabilitative Möglichkeiten und Rechtsansprüche sowie die »Selbsthilfe nach außen«, d. h. Einflußnahme auf Politik und Verwaltung, vor allem aber auf Versorgungsangebote, Qualifikation von Fachpersonal und Intensivierung von Forschung. Viele dieser Selbsthilfe-Organisationen sind inzwischen als Akteure in unserem stark von Interessengruppen bestimmten Gesundheitswesen akzeptiert. Eine ganz besondere Rolle spielen in diesem Zusammenhang Dachverbände wie die BAGH (Bundesarbeitsgemeinschaft Hilfe für Behinderte) und der DPWV (Deutscher Paritätischer Wohlfahrtsverband), mit etwa 100 Mitgliedsorganisationen aus dem Selbsthilfebereich.

Für diese Funktion als Lobby, als eine Art »Patienten-Gewerkschaft«, ist es unerläßlich, möglichst viele Mitglieder zu haben, die zu vertreten man demokratisch legitimiert ist. In der Politik wiegt das Argument der großen Zahl bekanntlich schwer, was Probleme mit sich bringt für Vereinigungen, die ein seltenes Krankheitsbild vertreten. Die Aktivität des einzelnen Mitglieds, der persönliche Beitrag (über die jährliche Zahlung hinaus) zum Geschehen innerhalb des Verbandes oder der örtlichen Gruppe spielt dabei zunächst eine geringere Rolle. Wie bei anderen Vereinen und Großorganisationen auch, kann man durchaus in einer völlig passiven Haltung verharren, sozusagen in einer klassischen Patienten-Rolle, die Dienstleistungen des Verbandes jedoch gelegentlich dankbar in Anspruch nehmen. Man könnte dann von »Selbsthilfe-Konsumenten« sprechen.

Viele dieser Verbände haben inzwischen hauptamtliches Personal eingestellt, insbesondere um die Geschäfte ihrer Verbandszentrale zu führen, aber auch um ihre Mitglieder und andere Betroffene fachlich zu beraten, Zeitschriften herauszugeben, Tagungen und Seminare zu organisieren. Der Dienstleistungs-Gedanke tritt bei einigen immer stärker in den Vordergrund. Das verbleibende Selbsthilfe-Element besteht dann im

Wesentlichen aus der »Regie durch Betroffene« (den Vorstand, die Mitgliederversammlung), die das Personal aussuchen und allemal mehr Einfluß auf die Programmgestaltung nehmen können als bei den Angeboten anderer Träger, etwa von öffentlichen Einrichtungen oder Wohlfahrtsverbänden.

Ein Großteil der Dienstleistungen der Selbsthilfeorganisationen werden jedoch ehrenamtlich von den betroffenen Mitgliedern selbst erbracht, ohne Honorar oder allenfalls gegen geringe Entschädigung. Hier liegt ein schier unerschöpfliches Potential von Mitmenschlichkeit, Solidarität und Gemeinsinn, welches bei den derzeit stattfindenden Diskussionen um Ehrenamt und freiwillige Arbeit gerne übersehen wird.

Als neue Aufgabe wird dieser »verfaßten Selbsthilfe« vermehrt die Rolle zuwachsen, als Repräsentant von Patienteninteressen in allen möglichen Gremien des Gesundheitswesens mitzuwirken, um einerseits die Erfahrungen der Betroffenen als Beitrag zur Qualitätssicherung bzw. -verbesserung einzubringen und andererseits ein Element von »Kundenorientierung« in unser ansonsten stark anbieterorientiertes Gesundheitswesen einzuführen. Ab dem Jahr 2004 werden Betroffene aus solchen Verbänden als Patientenvertreter im sog. Gemeinsamen Bundesausschuß sitzen, dem höchsten Gremium der Selbstverwaltung im deutschen Gesundheitswesen.

Was tun Selbsthilfegruppen?

Die Selbsthilfegruppen-Landschaft ist bunt und vielfältig. Und genau so verhält es sich mit den Aktivitäten der Gruppen. Sie richten sich nach der Art des Problems, nach der gewählten Gruppenstruktur und nach dem geographischen Einzugsbereich, nach den persönlichen Zielen der Mitglieder und nicht zuletzt nach deren individuellen Fähigkeiten. Selbsthilfegruppen wirken – in jeweils eigener Ausprägung – nach innen und nach außen.

VERSTÄNDNIS

Nach innen gerichtet sind jene Aktivitäten, die direkt und ausschließlich auf die Gruppenteilnehmer zielen. Zum größten Teil finden sie während der Gruppensitzungen statt. Im Vordergrund steht hier die unmittelbare menschliche Begegnung, die Anteilnahme, das Mitfühlen. »Geteiltes Leid ist halbes Leid«! Dadurch, daß alle Selbsthilfegruppen-Mitglieder vom gleichen Problem betroffen sind, können sie ein anderes Verständnis füreinander entwickeln, als das Nicht-Betroffenen, also in der Familie, unter Freunden oder auch bei professionellen Helfern möglich ist. »Ja, das kenne ich; das ging mir damals auch so«, das ist im Kern oft die Antwort auf vorgetragene Sorgen; und schon ist man nicht mehr alleine damit. Das Gruppengespräch, und das heißt natürlich insbesondere: das intensive Zuhören, der Erfahrungsaustausch über die eigene Lebenssituation, über gescheiterte und erfolgreiche Bewältigungsversuche sind von zentraler Bedeutung. Reden hilft! Diese Grunderfahrung menschlicher Kommunikation, welche auch die wichtigste Basis der Psychotherapie darstellt, wird in Selbsthilfegruppen genutzt. Viele Betroffene finden hier den besten Ort, über all das zu sprechen, was sie bedrückt. Manche sagen sogar, es sei der einzige Ort für sie.

Wissenschaftliche Untersuchungen belegen, daß fehlende soziale Unterstützung ein wichtiger Risikofaktor für das Ausbrechen und für den Verlauf von Erkrankungen ist, gerade auch für körperliche Krankheiten. Umgekehrt ist positive soziale Unterstützung günstig für die Erhaltung oder Wiedergewinnung von Gesundheit und für die Bewältigung von Krankheiten und Krisen. Selbsthilfegruppen bieten ein solches Netzwerk.

INFORMATION

Neben emotionaler und sozialer Unterstützung sind Selbsthilfegruppen auch ein Sammelbecken von Informationen.
- Welches Medikament hat welche Wirkungen und welche Nebenwirkungen?
- In welchem Krankenhaus hat man kompetente und freundliche Behandlung erfahren?
- Welche Ärzte in der heimischen Region haben die größte Erfahrung mit »meiner« Krankheit, und

welche bemühen sich um Aufklärung der Patienten und um partnerschaftliche Zusammenarbeit?

- Welche anderen Dienste und Einrichtungen, z. B. der öffentlichen und freien Wohlfahrtspflege, können noch in Anspruch genommen werden?
- Unter welchen Umständen hat man das Anrecht auf einen Schwerbehindertenausweis, auf Kuren und Rehabilitationsmaßnahmen etc.?
- Wo sind Prothesen und andere Hilfsmittel erhältlich?
- Welche Erfahrungen mit Ernährungsumstellung, Krankengymnastik, Entspannungsverfahren oder nicht-schulmedizinische Methoden liegen vor?

Und viele andere Fragen mehr. Diese Fragen werden in einer allgemein verständlichen Sprache erörtert, »Medizin-Chinesisch« wird eingedeutscht, Fachbegriffe werden erklärt. Selbsthilfegruppen vollbringen so eine große Übersetzungsleistung, und sie helfen, den viel beschworenen »mündigen Patienten« allmählich Wirklichkeit werden zu lassen.

KOMPETENZ

Um sich schlau zu machen, laden viele Selbsthilfegruppen gelegentlich Fachreferenten ein, die zu einzelnen Fragen Stellung nehmen. (Solche »Gastspiele« von Experten sollte man nicht verwechseln mit der dauerhaften Gruppenleitung durch Fachleute!)

Eine weitere Informationsquelle sind schriftliche Unterlagen, Bücher, Artikel, Presseberichte, Fernsehsendungen usw. In Selbsthilfegruppen findet man kaum noch absolute medizinische Laien. Vielmehr sind viele ihrer Mitglieder außerordentlich gut über ihre Krankheit informiert. Manche wissen mehr darüber, als viele Mediziner. Das war früher für die Ärzteschaft höchst irritierend. Dabei ist es doch – z. B. bei seltenen Erkrankungen – gar nicht so sehr verwunderlich: der Patient beschäftigt sich schließlich nur mit einer einzigen Erkrankung: mit *seiner*. Es gibt eine wachsende Literatur, die sich an die Patienten wendet, teils von Fachleuten geschrieben, teils als Selbsterfahrungsberichte von Betroffenen. Das Internet bietet demjenigen, der damit umgehen kann, nahezu unbegrenzten Zugang zu Informationen, allerdings führt es oft zu einer Informationsflut, die für den einzelnen kaum noch zu bewältigen ist. In Selbsthilfeorganisationen wird auf Bundesebene versucht, all dies auszuwerten und den Mitgliedern in praktisch handhabbarer Weise zur Verfügung zu stellen. In aller Regel werden dabei hochrangige Fachleute in wissenschaftlichen Beiräten hinzugezogen.

FREIZEIT

Ein weiteres wichtiges Feld von Aktivitäten für die eigenen Mitglieder sind Freizeitangebote (Feste, Ausflüge, Besuche kultureller Veranstaltungen etc.). Sie wirken Tendenzen zu sozialem Rückzug und Vereinsamung entgegen, die sich bei vielen chronisch Kranken und Behinderten beobachten lassen. Selbst bei guten Freunden oder in der Verwandtschaft stoßen die

Betroffenen häufig auf Unverständnis. Ihre Rückzugs-
tendenzen sind oft sehr viel stärker ausgeprägt als sie
tatsächlich von den Einschränkungen infolge der
Erkrankung erklärbar wären. Verstärkt werden sie vielmehr durch Schamgefühle, soziale Ängste und Selbst-
wertprobleme. Aber hier gilt wieder einmal: gemeinsam sind wir stärker! Das Beispiel Gleichbetroffener
kann wahre Wunder wirken.

BEZIEHUNG

Neben der Begegnung auf Gruppentreffen und Veranstaltungen ergeben sich natürlich vielfältige weitere
Beziehungen zwischen Mitgliedern von Selbsthilfegruppen. Dies reicht von gelegentlicher Unterstützung
im Alltagsleben bis zum Entstehen tiefer Freundschaf-
ten, die auch über das Gruppenleben hinaus Bestand
haben. Bei manchen Gruppen ist es Tradition, daß einer
der »alten Hasen« es übernimmt, sich in einer Art
Patenschaft besonders um ein neues Mitglied zu
kümmern und diesem den Einstieg zu erleichtern. Bei
wieder anderen Selbsthilfegruppen sind es bestimmte
Funktionsträger, Gruppenleiter oder Vorsitzende, die
sich um eine intensive Beziehung zu den übrigen
Mitgliedern bemühen und diesen auch außerhalb der
Gruppentreffen mit Rat und Tat zur Seite stehen.
Selbsthilfegruppen bieten ein Netzwerk von neuen
Beziehungen an und wirken so Einsamkeit und Isola-
tion entgegen, einem gesundheitlichen Risikofaktor
von größter Bedeutung.

AUSSENWIRKUNG

Selbsthilfegruppen wirken immer auch nach außen in das soziale Umfeld. Selbst wenn dies nicht durch gezielte Aktivitäten geschieht, so sind doch die einzelnen Mitglieder stets »Botschafter des Selbsthilfe-Gedankens«, wenn sie irgendwo über ihre Aktivitäten berichten. Wer z. B. in einer Selbsthilfegruppe erfolgreich seine Suchterkrankung bekämpft, kann wohl gar nicht anders, als anderen Süchtigen, denen er begegnet, von seinen positiven Erfahrungen zu berichten. Wer in der Selbsthilfegruppe gelernt hat, sein Schicksal als chronisch kranker oder behinderter Mensch anzunehmen und zu bewältigen, der wird bald auch außerhalb der Gruppe anders darüber sprechen und sich anders verhalten. Familienmitglieder, Freunde und Bekannte werden vielleicht Veränderungen an ihm wahrnehmen und sich selber dadurch entlastet fühlen. Durch die ständig wachsende Zahl von Menschen mit Selbsthilfe-gruppen-Erfahrung und durch die Bemühungen der Selbsthilfe-unterstützenden Fachleute wird das gesamte Klima in unserem Land Selbsthilfe-freundlicher. Die Gesellschaft, deren Erkalten so oft beklagt wird, erhält eine Prise Mitmenschlichkeit, Verständnis, Solidarität, und Bürgerengagement.

INTERESSENVERTRETUNG

Viele Selbsthilfegruppen, insbesondere solche, die in Landes- und Bundesverbänden organisiert sind, wenden sich zudem ganz bewußt nach außen. Sie wollen die Öffentlichkeit über ihre Krankheit und deren Folgen informieren, womöglich durch Aufklärung vorbeugen helfen und sich für eine bessere Versorgung einsetzen. Dabei wirken sie als Interessenvertreter nicht nur für die eigenen Mitglieder, sondern auch für andere Betroffene. Man könnte sie als »Patienten-Lobby« bezeichnen. Sie suchen den Kontakt zu Politik und Verwaltung, zu den Medien, vor allem aber zu den zuständigen Fachleuten und Institutionen, um deren Verhaltensweisen und Dienstleistungen im Sinne der Bedürfnisse der Betroffenen zu verbessern. Diese Interessenvertretung ist durch die jüngste Gesundheitsreform besonders aufgegriffen und befördert worden. Erstmals sind in Gremien der Selbstverwaltung unseres Gesundheitswesens, in denen früher alleine die Leistungsanbieter (Ärzte und Krankenhäuser) den Kostenträgern (gesetzliche Krankenkassen) gegenüber saßen, jetzt auch Patientenvertreter mit Rede- und Antragsrecht (noch nicht mit Stimmrecht) beteiligt. Viele dieser Patientenvertreter kommen aus der Selbsthilfe.

Was bewirken Selbsthilfegruppen?

Die Frage wird von verschiedenen Seiten gestellt. Zum einen von Betroffenen selber, also den potentiellen Teilnehmern, die sich im Grunde mit der Frage beschäftigen: Ist das etwas für *mich*? Soll *ich* es wagen? Für diese ganz persönliche Entscheidung suchen sie Ermutigung und Hoffnung, daß ihnen dort bei der Bewältigung ihres Schicksals geholfen werden könnte.

Zum zweiten fragen skeptische Fachleute, denen es z. T. noch immer recht schwer fällt, sich vorzustellen, daß Laien auch ohne professionelle Anleitung einen relevanten Beitrag zur eigenen Genesung und Rehabilitation oder zur Überwindung von Lebenskrisen leisten können. Es ist nur allzu verständlich, daß die Existenz und die erfolgreiche Arbeit von Selbsthilfegruppen wie eine Provokation wirken kann auf jemanden, der mitunter jahrelange Ausbildungen durchlaufen hat und dabei persönlich und finanziell einiges investiert hat. Es fällt dann schwer, die »erlebte Kompetenz« der Betroffenen neben der eigenen »erlernten Kompetenz« zu akzeptieren. Die Ausbildungsgänge für medizinisches und psychosoziales Personal vermitteln allzu oft ein Selbstbild von fachlicher Überlegenheit, professioneller Tüchtigkeit und bereitwilliger Verantwortungsübernahme für die Patienten, bei denen vor allem die schwachen Seiten wahrgenommen werden. Diagnostiziert werden Krankheiten, Symptome, Ausfälle, Behinderungen, Minderungen usw. Zur Diagnostik von Gesundheit, von Fähigkeiten und Möglichkeiten stehen sehr viel weniger Instrumente und Theorien zur Verfügung. Unser Gesundheitswesen ist in Wahrheit ein Krankheitswesen.

Allerdings gibt es erfreuliche Veränderungen im Medizinsystem zu verzeichnen. Nach der gerade in Kraft getretenen neuen Ausbildungsordnung sollen junge Mediziner »patientenorientierter« unterrichtet werden, die »Psycho-Fächer« wurden etwas gestärkt, Themen wie Prävention, Gesundheitsförderung und Rehabilitation werden fächerübergreifend angeboten. Selbsthilfe taucht im Lernzielkatalog auf. In Forschungsprogrammen werden Projekte zu Themen wie Rehabilitation, »shared decision making« (die gemeinsame Entscheidungsfindung von Arzt und Patient), Prävention und Gesundheitsförderung aufgegriffen, und in der Versorgung (wohl besonders in Reha-Kliniken) wird die Kooperation mit Selbsthilfegruppen und -organisationen gesucht.

Schließlich sind es die Förderer und Finanziers, die wissen wollen, was man sich von Selbsthilfegruppen versprechen kann. Hierbei spielt der herrschende Zeitgeist eine Rolle, nachdem das Versorgungssystem fast nur noch unter dem Aspekt der Kosten bzw. der Einsparungsmöglichkeiten betrachtet wird. Fragen der Qualität – ganz im Gegensatz zu der meist verlogenen Rhetorik zur sog. »Qualitätssicherung« – und der Humanität treten demgegenüber in den Hintergrund. Hinzu kommt aber auch die Schwierigkeit, daß die Aktivitäten von Selbsthilfegruppen einfach nicht recht in herkömmliche Finanzierungssysteme passen. Was

ist hier »Leistung«, und wer ist »Leistungserbringer«
– etwa im Sinne einer Krankenversicherung? Warum
sollte ein Bundesland oder eine Gemeindeverwaltung
etwas finanzieren, was die Bürger doch »in Selbsthilfe« erbringen? Genügt es denn nicht, diese dafür zu
loben?

GESUNDUNG

Wenn auch die Forschung zur Wirksamkeit von Selbst-
hilfegruppen im deutschsprachigen Raum noch am
Anfang steht, können wir doch nach den Erfahrungen
von Betroffenen und von Fachleuten der Selbsthilfe-
gruppen-Beratung, sowie gestützt auf wissenschaftliche
Untersuchungen Effekte auf drei Ebenen feststellen:
  Zunächst lassen sich in bestimmten Fällen positive
Wirkungen auf den Verlauf der Erkrankung bzw. die
Symptomatik selber feststellen. Das bekannteste
Beispiel hierfür sind Selbsthilfegruppen im Sucht-
bereich, insbesondere von Alkoholkranken. Deren
Mitglieder können im Verbund mit gleichermaßen
Betroffenen und in Anlehnung an das Vorbild erfolg-
reicher Leidensgenossen am besten lernen, ein Leben
in Abstinenz zu führen. Daher sind Selbsthilfegruppen
heutzutage ein völlig unumstrittenes Element einer
umfassenden Suchthilfe. Es gibt praktisch keine
professionelle Einrichtung auf diesem Gebiet, die
nicht mit Selbsthilfegruppen kooperiert. In vielen
Suchtkliniken kommen Vertreter von Abstinenzgruppen
auf die Stationen, um schon frühzeitig über Selbsthilfe-

gruppen als Möglichkeit der Nachsorge am Heimatort zu informieren.

Therapeutische Effekte waren auch für Selbsthilfegruppen von Menschen mit neurotischen Erkrankungen und seelischen Problemen (Ängste, Depressionen usw.) nachweisbar. Unter bestimmten Voraussetzungen (z. B. hinreichend lange Teilnahmedauer) konnten mit Hilfe psychologische Testverfahren Besserungen gezeigt werden. Auch in diesem Bereich läßt sich beobachten, daß Fachleute in psychosomatischen Kliniken und in psychotherapeutischen Praxen ihre Patienten vermehrt dazu ermutigen, sich nach stationären oder ambulanten psychotherapeutischen Behandlungen (oder auch parallel hierzu) einer Selbsthilfegruppe anzuschließen. Insbesondere in leichteren Fällen werden Selbsthilfegruppen gelegentlich sogar als Alternativen zu professioneller Behandlung in Erwägung gezogen.

Bei vielen körperlichen Erkrankungen (Krebs, Rheuma, Allergien usw.) wäre es sicherlich völlig unrealistisch, auf eine »Heilung« durch die Selbsthilfegruppe zu hoffen. Das tun deren Mitglieder auch nicht. Vielmehr geht es hier darum, den individuell günstigsten Umgang mit der Krankheit zu erlernen, sich dafür die notwendigen Informationen zu beschaffen und die Vorbilder zu studieren, welche andere Betroffene in der Gruppe durch ihre persönlichen Lösungen anbieten. Man spricht von »bedingter Gesundheit«, d. h. möglichst viel Gesundheit, Wohlgefühl, Zufriedenheit, Arbeitsfähigkeit, Teilnahme am gesellschaftlichen Leben usw. unter den bestehenden einschränkenden und behindernden Bedingungen. Die Krankheit verschwindet nicht, aber auf ihren objektiven Verlauf und vor allem auf ihre persönliche und familiäre Verarbeitung kann mitunter erheblicher Einfluß ausgeübt werden. Die Lebensqualität steigt. Praktisch in keinem Falle ist eine Erkrankung ausschließlich ein biologisches Geschehen, sondern immer auch ein psychologisches und ein soziales. Die Teilnahme an Selbsthilfegruppen kann Mut machen zum Leben mit der Krankheit. Auch das hatte Prof. Michael Lukas Moeller, ein großer Förderer der Selbsthilfe-Bewegung in Deutschland, gemeint, als er von »ansteckender Gesundheit« sprach.

Erste Befunde sprechen dafür, daß Mitglieder von Selbsthilfegruppen weniger Medikamente einnehmen als zuvor. Dies bedeutet nicht – wie manche Ärzte früher befürchteten –, daß Verordnungen leichtfertig nicht befolgt werden. Vielmehr wird der vielfach beklagten »Übermedikalisierung« entgegengewirkt. Gerade bei Psychopharmaka und Schmerzmitteln ist es nicht verwunderlich, daß ihre Wirkung zum Teil durch die positiven Effekte von vertrauensvollen Beziehungen zu Gleichbetroffenen ersetzt werden kann. Wenn man so will: »Beziehung statt Pille«. Dies ist ein Effekt, durch den Selbsthilfegruppen sogar einen Beitrag zur Kostendämpfung leisten können. Ein zweiter ist der schnellere Zugang zu geeigneten, auf ihre Krankheit spezialisierten Einrichtungen. Selbsthilfegruppen sind Lotsen im Dschungel des Medizinsystems; sie helfen, Irr- oder Umwege zu vermeiden und tragen so zu einer Effizienzsteigerung bei. Die Fachleute wie die Kostenträger sollten dies begrüßen und fördern, zum Nutzen aller Beteiligten.

PARTNERSCHAFT

Schließlich gehen von Selbsthilfegruppen Wirkungen aus, die über den einzelnen Betroffenen hinaus gehen. Mitunter beeinflussen Selbsthilfegruppen das professionelle Versorgungssystem so, daß dessen Angebote sich stärker an den Bedürfnissen der Betroffenen orientieren müssen. Man hat unser Versorgungssystem als »Anbieter-orientiert« charakterisiert. Damit ist gemeint, daß herkömmlicherweise die Fachleute bzw. die Institutionen (z. B. Ärzte und Krankenhäuser) bestimmen, was mit einem Patienten zu geschehen hat und auf welche Weise. Formal hat der Patient zwar das Recht, darüber zu bestimmen (etwa in Form der freien Arztwahl, der Zustimmung zu Operationen und anderen Behandlungen). Praktisch ist er aber doch oft in einem Zustand, der von Schmerz, Leiden und Angst geprägt ist, so daß er in dieser Situation kaum seine Rolle als selbstbewußter und gleichberechtigter Partner der Experten spielen kann. Deshalb ist es auch völlig unsinnig, in diesem Zusammenhang von »Kunden« zu sprechen, allenfalls von »Nutzern« des Medizinsystems. Daß es den Behandlern gut zu Gesichte steht, wenn sie mit ihren Patienten so freundliche, aufmerksam, rücksichtsvoll und höflich umgehen, als ob (!) diese König Kunde und Königin Kundin wären, steht auf einem ganz anderen Blatt. Und die Profis sollten auch nicht vergessen, daß sie schließlich zum großen Teil von den Geldern der Versicherten bezahlt werden. Der Aspekt der Hilfebedürftigkeit der Leidenden einerseits und der fachlichen Verantwortung der professionellen Helfer andererseits darf darüber aber nicht vergessen oder verleugnet werden. In Selbsthilfegruppen finden Patienten nun aber gute Voraussetzungen, um kompetenter und selbstbewußter, nicht nur für sich, sondern auch für andere Leidensgenossen sprechend, den Fachleuten gegenüber zu treten. Daß dies nicht immer ohne Reibung und Konflikte abgeht, ist selbstverständlich. Es wird aber die Zeit kommen, wo Fachleute an dieser Rückmeldung von ihren »Kunden« sogar sehr interessiert sein werden, um ihre eigenen Angebote und Leistungen im beiderseitigen Interesse zu verbessern. Kooperation mit Selbsthilfegruppen wird zukünftig als ein Qualitätsmerkmal von Institutionen bewertet werden.

Eine in diesem Zusammenhang besonders interessante Entwicklung vollzieht sich derzeit in manchen ärztlichen Qualitätszirkeln, wo man beginnt, zumindest gelegentlich zu bestimmten Themen Patienten aus Selbsthilfegruppen zur Mitwirkung einzuladen. Sie sollen die Betroffenen-Perspektive einbringen und so eine ganzheitlichere Sichtweise auf Versorgungsprobleme und auf die Arzt-Patient-Beziehung ermöglichen.

EINSPARUNG

Unter ökonomischen Aspekten kann man davon ausgehen, daß »Investitionen« im Selbsthilfe-Bereich besonders hohe »Erträge« abwerfen. Mit vergleichsweise minimalen Beträgen lassen sich die Arbeitsbedingungen von Selbsthilfegruppen ganz wesentlich verbessern, wo

die Betroffenen selber dann umfangreiche gesundheits-
fördernde, therapeutische, rehabilitative, soziale und
beraterische Leistungen ehrenamtlich bzw. eben »in
Selbsthilfe« erbringen. Vergleichbare professionelle
Angebote wären um ein vielfaches teurer. Eine entsprechende Studie an Münchner Selbsthilfegruppen
hat beispielsweise ergeben, daß die von ihnen geleistete
Arbeit im Durchschnitt etwa den dreifachen Wert jener
Summe hatte, mit der sie von der Stadt München
gefördert worden waren.

Am teuersten wäre es für unsere Gesellschaft,
Selbsthilfegruppen *nicht* zu fördern! Das hat die Politik in Deutschland, zumindest auf Bundesebene, auch
verstanden. Man hat den gesetzlichen Krankenkassen
und anderen Rehabilitations-Trägern per Gesetz aufgegeben, Selbsthilfegruppen, -Organisationen und
-Kontaktstellen zu fördern, und an diesem Prozeß
Vertreter der Selbsthilfe zu beteiligen. Auch wenn die
Umsetzung in die Praxis nur mit großer zeitlicher
Verzögerung geschieht und noch an vielen Stellen hakt,
so bedeutet diese Gesetzeslage doch zum einen die
sichtbare gesellschaftliche Anerkennung der Leistungen
der Selbsthilfe, zum anderen eine deutliche Besserung
ihrer finanziellen Situation. Es bleibt allerdings die
Ungerechtigkeit, daß die besser verdienenden Privat-
patienten nicht beteiligt werden, und die Befürchtung,
daß sich die öffentlichen Hände, Städte, Landkreise
und Bundesländer, bei ihrer ebenfalls fatalen Finanzlage
aus der Verantwortung stehlen und ihre Zuschüsse
kürzen. Dies steht in krassem Widerspruch zu den von
Politikern aller Parteien gerne sonntags gehaltenen

Reden, wo bürgerschaftliches Engagement gelobt und gefordert wird. Die Förderung von Selbsthilfe-Aktivitäten der Bevölkerung, zumal von Patientinnen und Patienten, deren Lebenssituation ohnehin schon belastend ist, und die Absicherung der dafür notwendigen Infrastruktur und fachlichen Beratung muß eine gesamtgesellschaftliche Gemeinschaftsaufgabe bleiben, an der sich Staat und Kostenträger gleichermaßen beteiligen.

Was sagen Fachleute dazu?

Man kann es sich heute gar nicht mehr vorstellen: noch vor 20 Jahren herrschte unter Experten eine weit verbreitete Ablehnung von Selbsthilfegruppen vor. Es wurde regelrecht vor der Teilnahme gewarnt. Man befürchtete, Patienten würden die verordneten Therapien nicht mehr einhalten oder in den Bereich der alternativen Heilkunde abdriften. Psychische Symptome könnten sich verschlimmern, womöglich würden schwerwiegende seelische Krisen ausgelöst, und es könnte zu Selbstmorden kommen. Teilweise waren die Phantasien und Befürchtungen sogar politisch gefärbt: in Selbsthilfegruppen würden sich Angriffe auf die Ärzteschaft formieren, und anarchistische Tendenzen könnten dort um sich greifen. Es gab wohl auch ökonomische Ängste, daß nämlich umfangreiche Mittel aus dem Gesundheitsetat umgeleitet werden könnten in den Selbsthilfebereich. Die 0,025 % des GKV-Budgets, die jetzt laut Gesetz der Selbsthilfe zur Verfügung gestellt werden sollen, stellen jedoch lediglich eine »homöopathische Dosis« dar und sind als Angstauslöser gänzlich ungeeignet.

All diese Befürchtungen waren fern der Realität und nur zu verstehen angesichts der damals herrschenden Unkenntnis von Selbsthilfegruppen. Es bestanden noch kaum persönliche Kontakte zwischen Fachleuten und Selbsthilfegruppen. Statt dessen wurde ein verzerrtes Phantombild phantasiert.

Hintergrund dürfte gewesen sein, daß Selbsthilfegruppen schon durch ihre pure Existenz eine gewisse

Kritik am Gesundheitswesen und an der psychosozialen Versorgung darstellten. Schließlich wiesen sie doch darauf hin, daß es Versorgungslücken gab, bzw. daß die Versorgung in einer Qualität stattfand, welche bestimmte Bedürfnisse der Betroffenen nicht hinreichend berücksichtigte. Die Dominanz und die alleinige Kompetenz der Experten wurde in Frage gestellt – wie es auch in anderen Bereichen des gesellschaftlichen Lebens in der Bundesrepublik zu jener Zeit geschah. Bürgerinitiativen und soziale Bewegungen entstanden zu allen möglichen Themen, und eben auch in Sachen eigener Gesundheit.

EINSTELLUNGSWANDEL

Im vergangenen Jahrzehnt hat sich diese Einstellung gegenüber Selbsthilfegruppen langsam aber stetig geändert. Dies traf zunächst für die breite Öffentlichkeit zu, mittlerweile aber auch für Fachleute, insbesondere für die Ärzteschaft, einen Berufsstand, der hier natürlich von zentraler Bedeutung ist. Ärzteorganisationen haben inzwischen öffentlich erklärt, daß Selbsthilfegruppen insgesamt positiv von ihnen beurteilt werden und Unterstützung verdienen. Ärztinnen und Ärzte wurden aufgerufen, sich vor Ort als Kooperationspartner zur Verfügung zu stellen. Es wurde eindeutig klargestellt, daß solche Zusammenarbeit keinesfalls gegen die ärztliche Standesethik oder die Regeln der Kunst verstößt, sondern daß dies vielmehr zu einer modernen ganzheitlichen Heilkunde durch eine engagierte Ärzteschaft gehört. Man möchte hier an Klaus Dörners Buch »Der gute Arzt« erinnern. Dort heißt es – zugespitzt: »Ich kann mich schwerlich, von besonderen Bedingungen abgesehen, einen guten Arzt nennen, wenn ich nicht fortlaufend an einem gemeindemedizinischen Projekt beteiligt bin«. Ein Engagement als Berater, Unterstützer und Partner von Selbsthilfegruppen oder Selbsthilfeorganisationen böte sich doch in besonderer Weise an als ein »gemeindemedizinisches Projekt« für »gute Ärzte« und »gute Ärztinnen«, die es ja in großer Zahl gibt. Während durch die positiven Erklärungen von Ärzteorganisationen grundsätzliche Bedenken und Konflikte ausgeräumt wurden, wird in der konkreten täglichen Praxis vor Ort von vielen interessierten Patienten und von Selbsthilfegruppen-Mitgliedern doch immer noch darüber geklagt, daß sie bei ihren Ärztinnen und Ärzten zu wenig Verständnis, zu wenig Wissen und zu wenig Kooperationsbereitschaft bezüglich Selbsthilfegruppen finden. Hierfür gibt es sicherlich verschiedene Ursachen, unter anderem die Ausbildungsbedingungen von Medizinern sowie die Praxis- und Krankenhausstrukturen, unter denen sie arbeiten. Und selbst dort, wo durchaus eine grundsätzliche Sympathie gegenüber dem Selbsthilfe-Gedanken besteht, fehlen oft Informationen und Arbeitsmaterialien, mit denen die Anregung und Unterstützung von Selbsthilfe-Aktivitäten ohne großen Aufwand gefördert werden kann. Aber wenn auch die Klagen der Betroffenen in vielen Einzelfällen berechtigt sein mögen, so ist doch festzuhalten, daß sich unter den

Fachleuten, namentlich unter der Ärzteschaft, ein enormer Einstellungswandel zugunsten der Selbsthilfe vollzogen hat.

Was sagt die Politik dazu?

Die entscheidenden Impulse zur breiten Anerkennung
von Selbsthilfegruppen als sinnvolle Ergänzung zu
unserem Gesundheitswesen erwuchsen jedoch nicht
aus den überzeugenden Aktivitäten einer immer größer
werdenden Zahl von Selbsthilfegruppen. Auch nicht
aus den Berichten jener Fachleute, die sich auf eine
Zusammenarbeit einließen und dabei gute Erfahrungen
machten. Und wohl auch nur begrenzt aus den ermu-
tigenden Resultaten von Forschungsprojekten, die seit
Anfang der 80er Jahre vorlagen. Erst als all dies von
einigen Sozial- und Gesundheitspolitikern aufgegriffen
und in konkrete Strategien politischen Handelns umgesetzt wurde, bekam die Selbsthilfegruppen-Entwicklung
in Deutschland eine ungeahnte Dynamik. Dabei ist
interessanterweise zu beobachten, daß es Selbsthilfe-
Förderer und Selbsthilfe-Skeptiker in allen politischen
Parteien gibt. Selbsthilfe und Selbsthilfe-Unterstützung
sind parteipolitisch neutral! Es gibt hier sozusagen eine
»ganz große Koalition«.

Auf allen staatlichen Ebenen (Städte und Landkreise,
Länder und Bund) haben sich Formen von öffentlicher
Förderung für Selbsthilfegruppen, Selbsthilfeorganisationen und Selbsthilfe-Kontaktstellen gebildet. Allerdings sind dabei sehr große regionale Unterschiede zu
beobachten. Staatliche Selbsthilfe-Förderung ist bis
heute keine gesetzlich geregelte, sondern eine sog.
»freiwillige Leistung«. Das heißt, es ist dem freien Spiel
der Kräfte und Interessen, den jeweils aktuellen Spar-

zwängen sowie dem jeweils vorhandenen Sachverstand in Ministerien und kommunalen Verwaltungen überlassen, in welchem Umfang und auf welche Art und Weise die Förderung stattfindet.

ERPROBUNG

Die Bundesregierung ist über die Förderung einzelner Organisationen und spezieller Maßnahmen hinaus in zweierlei Weise aktiv geworden. Zunächst wurden zwei Modellprogramme durchgeführt (von 1987 bis 1991 in den alten, und von 1992 bis 1996 in den neuen Bundesländern). Es wurde jeweils der Aufbau von speziellen »Kontaktstellen für Selbsthilfegruppen« finanziert. Die positiven Resultate der wissenschaftlichen Begleitforschung lassen sich, kurz gesagt, folgendermaßen zusammenfassen: Wo eine solche Einrichtung vorhanden ist, läßt sich ein starker Anstieg der Anzahl von Selbsthilfegruppen verzeichnen; diese gewinnen mehr Mitglieder; und sie können stabiler arbeiten. Andere Einrichtungen der medizinischen und psychosozialen Versorgung können – auch nach eigener Einschätzung – die von den Selbsthilfe-Kontaktstellen angebotenen Leistungen nicht erbringen; es hat sich hier ein eigener Arbeitsbereich entwickelt mit speziellen fachlichen Voraussetzungen, Qualifikationen und Fortbildungsbedarf.

Ungeklärt ist bis heute die Finanzierung solcher Einrichtungen. Diskutiert werden Mischfinanzierungsmodelle unter Beteiligung der Kommune, des Bundeslandes, der Krankenkassen und anderer Reha-Träger.

Selbsthilfe-Kontaktstellen oder ähnliche Anlauf-adressen gibt es derzeit in ca. 300 Orten der Bundesre-publik (vgl. Adressenliste im Anhang). Analoge Entwicklungen, wenn auch in geringerem Ausmaß und mit sehr viel weniger finanzieller Förderung, sind in Österreich, in der Schweiz (dort vor allem in den deutschsprachigen Kantonen) und in Liechtenstein zu beobachten (vgl. Adressenlisten im Anhang).

GESETZGEBUNG

Die positiven Erfahrungen mit dem Kontaktstellen-Ansatz und das noch immer ungelöste Problem seiner Finanzierung führte dazu, daß die Bundesregierung als zweite Maßnahme – nach der erfolgreichen Durchfüh-rung der beiden Modelprogramme zu Selbsthilfe-Kontaktstellen – eine Gesetzesänderung initiierte. Durch die Erweiterung eines Paragraphen im Sozial-gesetzbuch wurde den Krankenkassen ermöglicht, Selbsthilfegruppen und Selbsthilfe-Kontaktstellen finanziell zu fördern. Dies stellte einen weiteren bedeutsamen Schritt zur öffentlichen Anerkennung der Eigeninitiative von Patienten in Selbsthilfegruppen dar. Es wurde dokumentiert, daß die Entstehung und die Arbeit von Selbsthilfegruppen im öffentlichen Interesse liegt und politisch gewollt ist. Die praktische Umset-zung der gesetzlichen Bestimmung durch die Kranken-kassen blieb jedoch völlig unbefriedigend. Unverständ-licherweise schien kein Interesse daran zu bestehen, die Versicherten dabei zu unterstützen, einen eigenen

Beitrag zur Gesundheit oder Genesung zu leisten. Die aufkommende Spardebatte im Gesundheitswesen war absolut vorherrschend. Man scheute die kurzfristig entstehenden Zusatzkosten, obwohl deren Größenordnung äußerst minimal war. Die langfristigen Einsparpotentiale wurden hingegen nicht gesehen.

Nach dem Regierungswechsel wurde der § 20 (4) SGB V (dieses Sozialgesetzbuch regelt, was gesetzliche Krankenkassen zu leisten haben) mit Gültigkeit ab 1. 1. 2000 in folgender Weise neu formuliert:

> Die Krankenkasse soll Selbsthilfegruppen, -organisationen und -kontaktstellen fördern, die sich die Prävention oder die Rehabilitation von Versicherten bei einer der im Verzeichnis nach Satz 2 aufgeführten Krankheiten zum Ziel gesetzt haben. Die Spitzenverbände der Krankenkassen beschließen gemeinsam und einheitlich ein Verzeichnis der Krankheitsbilder, bei deren Prävention oder Rehabilitation eine Förderung zulässig ist; sie haben die Kassenärztliche Bundesvereinigung und Vertreter der für die Wahrnehmung der Interessen der Selbsthilfe maßgeblichen Spitzenorganisationen zu beteiligen. Die Spitzenverbände der Krankenkassen beschließen gemeinsam und einheitlich Grundsätze zu den Inhalten der Förderung der Selbsthilfe; eine über die Projektförderung hinausgehende Förderung der gesundheitsbezogenen Arbeit von Selbsthilfegruppen, -organisationen und -kontaktstellen durch Zuschüsse ist möglich. Die in Satz 2 genannten Vertreter der Selbsthilfe sind zu beteiligen. Die Ausgaben der Krankenkasse für die Wahrnehmung ihrer Aufgaben nach Satz 1 sollen insgesamt im Jahr 2000 für jeden ihrer Versicherten einen Betrag von einer Deutschen Mark umfassen; sie sind in den Folgejahren entsprechend der prozentualen Veränderung der monatlichen Bezugsgröße nach § 18 Abs. 1 des Vierten Buches anzupassen.

Damit ist eine Verpflichtung der gesetzlichen Krankenkassen zur Selbsthilfe-Förderung festgeschrieben,
deren Umfang (durch seine Dynamisierung beträgt er
0,54 Euro im Jahre 2004) und die Beteiligung der
Selbsthilfe an der praktischen Umsetzung.

Zum 1. 7. 2001 trat das sog. Reha-Gesetz (SGB IX)
in Kraft, welches in seinem § 29 eine analoge Formulierung enthält:

> Selbsthilfegruppen, -organisationen und -kontaktstellen,
> die sich die Prävention, Rehabilitation, Früherkennung,
> Behandlung und Bewältigung von Krankheiten und
> Behinderungen zum Ziel gesetzt haben, sollen nach einheit-
> lichen Grundsätzen gefördert werden.

Allerdings ist dieser Paragraph weniger präzise, es wird
z. B. kein Förderbetrag festgeschrieben. Und es ist
leider zu berichten, daß es der BAR (Bundesarbeitsgemeinschaft für Rehabilitation), die damit beauftragt
war, gemeinsame Empfehlungen für alle beteiligten
Rehabilitationsträger zu erarbeiten, bis Anfang 2004
noch nicht gelungen war, dies in akzeptabler Weise zu
tun. Eine Intensivierung der Selbsthilfe-Förderung
nach § 29 SGB IX ist also drei Jahre nach Inkrafttreten
des Gesetzes noch immer nicht festzustellen. Einige
Träger fahren lediglich mit der Förderung fort, die sie
auch zuvor schon seit längerem betrieben hatten.

Zum 1. 1. 2004 trat eine Revision des SGB V in Kraft,
die jedoch eine ursprünglich vorgesehene Präzisierung
des § 20 (4) aussparte, mit Verweis auf ein geplantes
»Präventions-Gesetz«, in dem die Selbsthilfe-Förderung

neu geregelt werden soll. Dennoch wurde die Selbsthilfe von dieser Gesetzesänderung tangiert, und zwar
durch die Bestimmungen zu dem neu zu bildenden
»Gemeinsamen Bundesausschuß«. Im § 140f heißt es:

> Die für die Wahrnehmung der Interessen der Patientinnen
> und Patienten und der Selbsthilfe chronisch kranker und
> behinderter Menschen maßgeblichen Organisationen sind
> in Fragen, die die Versorgung betreffen, nach Maßgabe der
> folgenden Vorschriften zu beteiligen.

Diese Formulierung stellten die Beteiligten vor die
Aufgabe, zu klären, wer als »sachkundige Personen«
die vorgesehenen Plätze im Gemeinsamen Bundesausschuß besetzen soll. Durch Rechtsverordnung be
stimmte das Bundesministerium für Gesundheit und
Soziale Sicherung zunächst vier Organisationen (Deutscher Behindertenrat, Deutsche Arbeitsgemeinschaft
Selbsthilfegruppen, Verbraucherzentrale Bundesverband, Bundesarbeitsgemeinschaft der PatientInnenstel-
len), die einvernehmlich sachkundige Personen benennen sollen, darunter mindestens zur Hälfte Betroffene.
Für diesen Sachverstand gibt es natürlich keine besseren
Quellen als Selbsthilfegruppen und Selbsthilfeorganisationen, wo Betroffenen-Kompetenz in besonderer
Weise versammelt ist.

Was sagen Mitglieder
von Selbsthilfegruppen?

»Ich habe in einer Phase Kontakt zur Gruppe aufgenommen, in der es mir sehr schlecht ging. Und ich redete, redete und redete. Und die anderen hörten mir zu und verstanden. Ich merkte, wie gut mir dies tat.«

»Noch nie habe ich so gut empfunden, aufgefangen zu werden, getröstet, informiert und motiviert.«

»Es tut so gut zu wissen, da gibt es Menschen mit der gleichen Krankheit, mit sehr viel mehr Erfahrungen und Wissen, die du magst und die dir zuhören.«

»Jedes Gespräch mit Betroffenen bedeutet ein Schritt heraus aus Resignation und Isolation.«

»Wenn ich aus der Gruppe komme, geht es mir viel besser. Sogar meine Partnerin sagt, daß ich dann wesentlich aufgeschlossener bin.«

»Ich freue mich die ganze Woche über auf das Zusammensein in der Gruppe.«

»Nach etwa 10 bis 15 Zusammenkünften entstand ein gegenseitiges Vertrauen, wie ich es sonst noch nie erlebt habe. Es gibt nichts mehr in meinem Leben, worüber ich in dieser Gruppe nicht sprechen könnte.«

»Nirgends fühle ich mich so gut verstanden wie in dieser Gruppe: Weder bei meinem Hausarzt, weder beim Psychiater noch bei meinem Mann.«

»Gleich am Anfang erfuhr ich eine riesige Erleichterung: Anderen geht es ja auch so wie mir – ich bin ja gar nicht allein.«

»Selbsthilfe heißt für den Einzelnen, wie das Wort schon sagt, selbst aktiv zu werden, durch seine Aktivitäten Mitpatienten zu motivieren und lernen zu wollen, mit der Krankheit umzugehen.«

»Ich habe immer das Gefühl, die Gruppenmitglieder hier sind die einzigen, die überhaupt wissen, wovon ich rede.«

»Hier sind alles Leute, von denen ich denke: denen geht es genauso wie dir.«

»Hilfe zur Selbsthilfe bedeutet nicht, daß man sich gegenseitig bemitleidet, sondern daß Probleme besprochen und gemeinsame Lösungsvorschläge bearbeitet werden.«

»Bewältigung von Krankheitsfolgen durch zwischenmenschliche Beziehungen.«

»Alleine kann man nicht viel ausrichten, aber gemeinsam sind wir stark!«

»Ohne die Gruppe hätte ich mich schon tot gesoffen.«

»Ich jedenfalls bin hier, um möglichst viele Behandlungsmöglichkeiten kennenzulernen.«

»Die Mitgliedschaft in der Gruppe hilft, die Angst, am Ende einer Therapie in ein tiefes Loch zu fallen, zu überwinden.«

»Ihr [die Mediziner] habt es weit gebracht mit Eurer Technik, Eurem Intellekt, doch Ihr habt unsere Seele vergessen!«

»In die Selbsthilfegruppe geben wir alle unseren Mist rein; und daraus wird dann guter Humus.«

»Die Doktoren wissen besser als wir, wie die medizinische Behandlung für unsere Erkrankung aussieht. Wir wissen aber besser als sie, wie die beste Behandlung für uns als Menschen aussehen sollte.«

»Millionen von Rheumatikern sind nicht nur ein Problem, sondern auch ein Teil der Lösung.«

»Lebensmut gefaßt bzw. gestärkt. Zuversicht und Fröhlichkeit durch Geselligkeit.«

»Irgendwie sieht sie [die Ehefrau] das dann auch und sagt dann: Es geht wieder besser; ist wohl wieder zwei Stunden was von der Seele runter gegangen. «

Diese Zitate aus Gesprächen mit Selbsthilfegruppen-Mitgliedern bzw. aus deren schriftlichen Erfahrungsberichten sind naturgemäß durchgängig positiv. Nur wer die Kontakte und Aktivitäten dort überwiegend hilfreich und unterstützend erlebt, bleibt auf Dauer in der Gruppe. Es findet also eine »Selbstselektion« statt von solchen Menschen, zu denen das Konzept der eigenverantwortlichen Aktivität in einer Selbsthilfegruppe paßt. Die anderen scheiden schon nach kurzer Teilnahme wieder aus oder wählen von vornherein einen anderen Weg. Eines muß klar sein: Selbsthilfegruppen sind nicht für jeden Betroffenen das Richtige. Selbsthilfegruppen sind kein Allheilmittel! Jeder hat selber herauszufinden, ob dies »sein Ding« ist oder nicht – allerdings können Fachleute ihm dabei mit Rat und Tat zur Seite stehen. Und ebenso selbstverständlich ist, daß Selbsthilfegruppen-Arbeit nicht zu jedem Zeitpunkt von Begeisterung und Erfolg getragen ist. Vielmehr geht es auch durch Phasen von Stagnation und durch Krisen – aber auch hier kann Hilfestellung geleistet werden (vgl. Kap. »Was bietet eine Kontaktstelle für Selbsthilfegruppen?«).

Solche Zitate von Betroffenen haben gewiß nicht die Beweiskraft wissenschaftlicher Untersuchungen, aber sie lassen uns teilnehmen, an dem, was dort ganz persönlich erlebt wird. Und das wiederum kann übliche Forschung mit ihrem Bemühen um möglichst exakte Messung kaum abbilden. Wie Albert Einstein schon sagte: »Nicht alles, was man zählen kann, ist wichtig, und nicht alles, was wichtig ist, kann man zählen«. In

der Selbsthilfe zählt die persönliche Beziehung und
das individuelle Beispiel jedenfalls mehr als ein Mittel-
wert oder ein Korrelationskoeffizient.

Für wen sind Selbsthilfegruppen geeignet?

Wer hat sich diese Frage eigentlich zu stellen, und wer könnte sie beantworten? Die möglichen Selbsthilfegruppen-Teilnehmer, also die Betroffenen, oder jene Fachleute, die üblicherweise die Entscheidungen in unserem Gesundheitswesen treffen? In vielen Fällen verläuft die Geschichte eines Arztbesuches ja nach folgendem Muster: Man hat bestimmte Symptome (oft sind es Schmerzen) oder man fühlt sich in seinem Allgemeinbefinden beeinträchtigt (z. B. geschwächt oder müde, schwindelig oder von Schmerzen gequält); man geht zum Arzt, damit der eine Ursache herausfindet; und dann soll er entscheiden, was zu tun ist. Es wird etwas verordnet: »Nehmen Sie dreimal täglich ...«. Nach einer gewissen Zeit, so hoffen Arzt und Patient gemeinsam, soll alles wieder in Ordnung sein, ganz so wie vor Ausbruch der Krankheit oder des Unwohlseins.

In vielen Fällen ist es aber mit einer solch passiven Patientenrolle nicht getan! Es gibt Behandlungsverfahren, die von vornherein eine hohe Aktivität und Eigenbeteiligung des Patienten erfordern, z. B. in der Krankengymnastik oder in der Psychotherapie. Darüber hinaus sind viele Krankheiten neben den medizinischen Behandlungen im engeren Sinne am besten durch Verhaltensänderungen zu beeinflussen, die vom Patienten selber zu vollbringen sind. Ernährungsgewohnheiten müssen geändert werden, Alkohol- und Tabakkonsum eingeschränkt oder ganz aufgegeben werden, Bewegungsmangel muß durch körperliche

Aktivierung ausgeglichen werden. Auch Einsamkeit und soziale Isolation werden immer stärker als Risikofaktoren für die Gesundheit erkannt.

Man muß auch darauf hinweisen, welche Krankheiten heutzutage den Betroffenen wie dem Gesundheitssystem insgesamt am meisten Sorgen bereiten: Es sind die chronischen Erkrankungen und jene, die ganz wesentlich durch menschliche Verhaltensweisen mit bedingt sind, die sog. »Zivilisationskrankheiten«. Die erstaunlichen Erfolge der technisch hoch gerüsteten Medizin haben einen paradoxen Effekt: es gibt immer *mehr* Kranke. Menschen nämlich, deren Leben zwar durch effiziente Rettungsdienste, durch Intensivstationen, Transplantationen, Dialyse und andere gravierende Eingriffe, mit einem Wort: durch die Fortschritte der Medizin gerettet werden können, die dafür dann aber über Jahre, oft über Jahrzehnte, mit einer chronischen Erkrankung oder einer Behinderung leben müssen. Dabei kann die Begegnung mit Gleichbetroffenen in einer Selbsthilfegruppe eine entscheidende Unterstützung darstellen.

PERSÖNLICHE ENTSCHEIDUNG

Ob für einen bestimmten Menschen eine Selbsthilfegruppe geeignet ist, hängt jedoch weniger von der Art seiner Erkrankung ab, als vielmehr von seiner Persönlichkeit, seiner Lebensgeschichte, seinen Einstellungen, seinen individuellen und sozialen Ressourcen. Es gibt keine »selbsthilfe-geeigneten« und »selbsthilfe-ungeeigneten« Krankheiten! Und Selbsthilfe kann nicht verordnet werden! Die Teilnahme muß auf der persönlichen Entscheidung des Betroffenen selber beruhen. Allerdings kann das Gespräch mit einem Fachmann dabei helfen, die eigene Entscheidung zu klären.

- Bin ich überhaupt dazu bereit, mich mit meiner Erkrankung und ihren Folgen auseinanderzusetzen, oder möchte ich sie lieber verdrängen?
- Habe ich die Hoffnung, selber etwas zu meiner Genesung oder Rehabilitation beitragen zu können, oder muß ich nicht dem Schicksal seinen Lauf lassen und auf die Kunst der Ärzte vertrauen?
- Werden mir denn andere Betroffene helfen können, wo die doch gleiche oder vielleicht sogar noch schlimmere Probleme haben?
- Werden die Probleme der anderen mich nicht noch zusätzlich belasten?
- Werde ich den anderen auch etwas geben können, oder denen nur zur Last fallen?
- Wird man mich akzeptieren und in die Gruppe aufnehmen, oder werde ich ein Außenseiter bleiben?
- Was genau würde ich eigentlich suchen in der Selbsthilfegruppe: Informationen, Freizeitgestaltung oder emotionale und soziale Unterstützung?
- Geht es mir um Reden, oder um Handeln, oder um beides?
- Was wird mein Doktor dazu sagen?
- Und was meine Angehörigen?

Solche und ähnliche Fragen beschäftigen jeden, der die Teilnahme an einer Selbsthilfegruppe in Erwägung zieht. Zum Teil können sie erst nach den Erfahrungen der ersten Sitzungen geklärt werden, die dann den Charakter von »Probesitzungen« bekommen. Erst danach fällt die Entscheidung, ob man sich längerfristig an eine Selbsthilfegruppe binden will, und wieviel Engagement man dort zu investieren bereit ist. »Es kostet kein Geld, aber Mut«, so beschrieb ein Selbsthilfe-gruppen-Teilnehmer die Situation.

Folgende Schritte sind wichtig:

1. Man muß seine Krankheit bzw. seine persönliche Belastungssituation wahrnehmen und akzeptieren, sich in gewisser Weise dazu bekennen. Die Anony-men Alkoholiker haben dies ganz stark formalisiert: »Ich heiße ..., und ich bin Alkoholiker«, so beginnen sie jeden ihrer Redebeiträge. Es gilt, Scham zu über-winden, der Realität ins Auge zu schauen, zunächst sich selber und später den anderen gegenüber so offen und ehrlich zu sein wie möglich.

2. Man muß »Leidensdruck« verspüren: Ich muß etwas tun, von alleine wird es nicht besser werden. Es gilt, mit Verleugnung der Realität aufzuhören, eigene Trägheit zu überwinden, sich auf den Weg zu machen, zu suchen und zu versuchen.

3. Es muß zugleich Hoffnung vorhanden sein: Ich glaube, ich kann selber etwas tun. »Du allein kannst es, aber Du kannst es nicht allein«, lautet ein

wichtiges Motto der Selbsthilfe-Bewegung. Es gilt, Hoffnungslosigkeit zu überwinden.

4. Man muß über ein gewisses Maß an Kontakt- und Beziehungsfähigkeit verfügen: Ich traue mir zu, auf die anderen zuzugehen und mich in die Gruppe zu integrieren. Es gilt, Fremdenfurcht und Kontaktscheu zu überwinden.

SIND SIE INTERESSIERT UND BEREIT,
DIESE SCHRITTE ZU GEHEN ???

Wie finden Sie »Ihre« Selbsthilfegruppe?

Der größte Schritt vor der Teilnahme an einer Selbsthilfegruppe ist sicherlich die Überwindung der Ängste und Bedenken, die von einer solchen Entscheidung abhalten können. Die Sache will reiflich überlegt sein, man schläft darüber und befragt vertraute Personen oder kompetente Fachleute. Ein solcher Entscheidungsprozeß kann längere Zeit dauern. Ausgeschnittene Zeitungsartikel oder weitergegebene Kontaktadressen liegen manchmal über Monate in der Schublade, bevor jemand aktiv wird. Oft geschieht dies erst dann, wenn sich die Situation weiter zuspitzt, wenn die Krankheit sich verschlimmert oder wenn weitere Belastungen hinzukommen.

Ist der Entschluß endgültig gefaßt, stellt sich die Frage, wie man die »richtige« Selbsthilfegruppe für sich findet. Am Anfang dieses Buches wurde bereits beschrieben, wie bunt und vielgestaltig die Selbsthilfegruppen-Landschaft inzwischen geworden ist. Auch die Vielzahl der Ämter, Beratungsstellen und Hilfsinstitutionen, an die man sich wenden könnte, ist für viele Bürger kaum noch durchschaubar.

Man kann sich vor Ort auf die Suche machen und alle möglichen Personen und Einrichtungen ansprechen, die evtl. weiterhelfen können: Hausarzt, Gesundheitsamt, Krankenkasse oder Sozialdienst des Klinikums; Bürgermeister, Landrat, Sozial- oder Gesundheitsdezernat der Gemeinde; Verbände der freien Wohlfahrtspflege, psychologische oder andere Beratungsstellen. Die meisten Tageszeitungen und Stadtmagazine führen

Veranstaltungskalender, in denen auch Treffen von Selbsthilfegruppen verzeichnet sind. Und manche Suchenden verfügen über einen Freundes- und Bekanntenkreis, über nette Nachbarn oder Kollegen, die auch noch eine Idee haben, wohin man sich wenden könnte. Mundpropaganda hat vielen Menschen den Weg zur Selbsthilfegruppe eröffnet! Dabei ist sicherlich hilfreich, daß sich heutzutage niemand mehr schämen muß, zuzugeben, daß er einer Selbsthilfegruppe angehört. Seit einiger Zeit ist das Internet als neue Informationsquelle hinzugekommen. Zwar ist dessen Bedeutung für Patienten bei weitem geringer als manche meinen, sie wird jedoch ohne Zweifel wachsen.

SUCHSTRATEGIEN

Es gibt aber auch systematische Suchmöglichkeiten, die vielleicht noch erfolgversprechender sind als sich nur »mal umzuhören«. In ca. 300 Städten bzw. Landkreisen der Bundesrepublik sowie in ca. 30 Orten Österreichs, der Schweiz und Liechtensteins existieren spezielle Selbsthilfe-Kontaktstellen oder ähnliche Anlaufadressen, wo Interessierte die umfassendsten und genauesten Informationen über Selbsthilfegruppen in der jeweiligen Region erhalten können. Ob es auch in *Ihrer* Stadt eine solche gibt oder wo sich die nächste befindet, können Sie dem Adressenverzeichnis im Anhang entnehmen.

Die zweite Suchstrategie macht sich zunutze, daß in vielen Bereichen, insbesondere bei chronischen

Erkrankungen, aber auch für besondere soziale Problemsituationen, bundesweite Selbsthilfe-Organisationen oder Dachverbände von örtlichen Selbsthilfegruppen entstanden sind und weiterhin entstehen. Manchmal sind es auch bloß engagierte Einzelpersonen, die sich als Ansprechpartner zur Verfügung stellen. Solche Kontaktadressen sind vielfältigen Veränderungen unterworfen. Die Selbsthilfebewegung ist immer im Fluß! Bei der Nationalen Kontakt- und Informationsstelle zur Anregung und Unterstützung von Selbsthilfegruppen (NAKOS) in Berlin, bei der Service- und Informationsstelle für Gesundheitsinitiativen und Selbsthilfegruppen (SIGIS) in Wien und bei der Koordination und Förderung von Selbsthilfegruppen in der Schweiz (KOSCH) in Basel (vgl. Adressenverzeichnis im Anhang) können Sie die für Sie relevanten Adressen – stets aktuell – erhalten.

In vielen Fällen können beide Suchstrategien gleichzeitig zum Einsatz kommen. Z. B. eine Krebspatientin aus Frankfurt kann sich sowohl an bundesweite Krebs-Selbsthilfeorganisationen wenden als auch an die Frankfurter Selbsthilfe-Kontaktstelle. Bei den ersteren kann sie nachfragen, ob es örtliche Gruppierungen oder zumindest betroffene Kontaktpersonen für ihre spezielle Erkrankung in Frankfurt gibt; und in der Kontaktstelle, ob möglicherweise noch andere Selbsthilfegruppen in Frankfurt für sie in Frage kommen. Natürlich gibt es viele Themenbereiche, für die sich noch keine landesweiten Organisationen gebildet haben, und es gibt Städte und Landkreise, die nicht über eine spezialisierte Kontaktstelle für Selbsthilfegruppen verfügen. Dann muß die jeweils verbliebene Suchmöglichkeit genutzt werden. Und eine Nachfrage bei NAKOS, SIGIS oder KOSCH lohnt sich allemal.

Wie gründet man
eine neue Selbsthilfegruppe?

Sie konnten bisher schon lesen, wie unüberschaubar groß die Anzahl der Selbsthilfegruppen in Deutschland bereits ist und zu welch unterschiedlichen Themen sie sich gebildet haben. Dennoch werden Sie bei Ihrer Suche vielleicht feststellen, daß es genau die Gruppe, die Sie sich wünschen, an Ihrem Heimatort noch nicht gibt. Statt sich enttäuscht abzuwenden, würde es dem Selbsthilfe-Gedanken am besten entsprechen, über eine eigene Gruppengründung nachzudenken. Aber diese Idee schreckt die meisten Betroffenen zunächst einmal ab. Hatte man doch gehofft, bereits ein »gemachtes Nest« vorzufinden, wo man sich erfahrenen Leidensgenossen anschließen kann. Viele trauen es sich einfach nicht zu, eine Selbsthilfegruppen-Gründung zu bewerkstelligen. Und in der Tat: Man muß schon einiges an Mut und Energie, mitunter auch an Durchhaltevermögen, mitbringen und bei der Vorplanung einige Punkte berücksichtigen. Zum Beispiel diese:

FRAGEN

– Wie will ich das Kind beim Namen nennen, bzw. wie grenze ich den Kreis der von mir gesuchten Mitbetroffenen ein (z. B. ganz speziell Menschen mit »Panikattacken«, etwas allgemeiner mit »Angsterkrankungen« oder noch darüber hinausgehend mit »seelischen Problemen«)?

- Mit welchem Wort mache ich am besten deutlich, worum es mir geht (z. B. »Selbsthilfegruppe«, »Gesprächskreis« oder »Initiative«)?
- Sollen nur die Betroffenen unter sich sein, oder sollen Partner und Angehörige hinzu kommen?
- Wie soll die Beteiligung von Fachleuten aussehen?
- Wie mache ich mein Vorhaben am besten bekannt – über die Presse oder durch direkte Ansprache?
- Welche Einrichtungen suchen Betroffene gehäuft auf (z. B. bestimmte Arztpraxen, Krankenhäuser oder Beratungsstellen), und wie könnten solche Institutionen mich als Multiplikatoren bei der Bekanntmachung meiner Initiative unterstützen?
- Welches Medium ist am günstigsten (z. B. Tageszeitung oder Stadt-Illustrierte), und soll ich es dort per Anzeige probieren oder mich um einen redaktionellen Artikel bemühen? Oder wäre eine Art Pressekonferenz mit mehreren Zeitungen am effektivsten?
- Soll ich meine private Adresse und Telefonnummer angeben oder lieber ein Postfach oder eine Chiffre-Anzeige benutzen; oder gibt es noch ganz andere Möglichkeiten?
- Möchte ich, daß ein Foto von mir in der Zeitung erscheint? Welche negativen Konsequenzen könnte das für mich haben?
- Wie kann ich mit den Rückantworten auf meine Suchanzeige fertig werden, die mich mit den Leiden und Bedürfnissen der anderen sowie mit deren möglicherweise ganz unrealistischen Hilfeerwartungen konfrontieren werden?

74

- Wie und wo ließe sich eine erste Zusammenkunft organisieren, und wo könnte unsere Gruppe zukünftig auf Dauer einen geeigneten Raum finden?
- Wer könnte mich (z. B. als Referent oder als Moderator) bei der Durchführung einer Gründungsveranstaltung unterstützen?
- Was wäre auf Dauer eine günstige Gruppengröße?
- In welcher Häufigkeit sollten wir uns treffen?
- Nach welchem Muster sollten die Treffen ablaufen (als freies Gespräch oder nach einer Tagesordnung)?
- Wohin können wir uns wenden, wenn etwas schiefläuft oder wir nicht so recht weiter wissen?

PLANUNG

Natürlich ist es sehr schwierig, allgemeine Antworten auf diese Fragen zu geben. Sie hängen ganz wesentlich von den Bedingungen des Einzelfalles ab. Was ist das Thema der Gruppe, was sind die Zielsetzungen, was sind die Vorstellungen und die Erfahrungen der Gründungsmitglieder, und unter welchen Bedingungen wird die Arbeit stattfinden. Ein Buch oder eine Broschüre kann allenfalls dazu dienen, einige Erfahrungen früherer Selbsthilfegruppen(-gründer) weiterzuvermitteln und wichtige Anregungen für die eigene Planung geben. Niemals können sie jedoch wie ein Kochbuch das fertige Rezept liefern. Es ist vielmehr Teil der Arbeit einer jeden Selbsthilfegruppe, ihr eigenes Rezept auszuprobieren, dabei herauszufinden, welches Mitglied welche Zutaten aus seinem Schatzkästlein von Wissen und Fähigkeiten beisteuern kann, und durch eigene Erfahrung das Gericht nach und nach immer bekömmlicher zu machen. Schließlich sind es die Gruppenmitglieder selber, welche die Suppe auslöffeln, die sie gemeinsam für sich kochen. Und die wird – im Unterschied zum sprichwörtlichen Brei – eben nicht von vielen Köchen verdorben, sondern umso besser, je mehr aktiv dazu beitragen und je mehr sich alle Esser zu Köchen und alle Köche zu Essern entwickeln; will sagen: je gleichberechtigter alle sind und je leichter man nach aktuellem Bedarf und nach aktueller Fähigkeit zwischen der Rolle des Hilfebedürftigen und der des Helfers hin und her wechseln kann.

Die beste Hilfe bei der Planung einer neuer Gruppengründung dürfte ein kompetenter und aufgeschlossener Gesprächspartner sein, mit dem man im Dialog die eigenen Pläne entwickelt und konkretisiert, Probleme vorausahnt und Lösungsmöglichkeiten durchdenkt. Ein solcher Partner kann natürlich ein ebenfalls Betroffener sein. Mit einem solchen Tandem fährt man allemal leichter, als wenn einer alleine strampeln muß. Sehr hilfreich kann aber auch der frühzeitige Kontakt zu Fachleuten sein. Hierbei ist zu unterscheiden zwischen solchen, die sich mit der Krankheit oder dem sonstigen Problem auskennen (also z. B. Ärzte oder Psychologen), und solchen, die über Gruppenaktivitäten Bescheid wissen (z. B. Gruppentherapeuten oder Supervisoren). Am besten geeignet sind jedoch in den meisten Fällen diejenigen Fachleute, die sich auf die

Anregung und Unterstützung von Selbsthilfegruppen spezialisiert haben. Man findet sie in den bereits erwähnten Kontaktstellen für Selbsthilfegruppen (vgl. Anhang).

TIPS

Ein paar allgemeine Hinweise, die sich schon bei vielen Gruppengründungen bewährt haben, wollen wir Ihnen hier bereits geben.

MITGLIEDERSUCHE

Davon hängt alles ab. Sie müssen Menschen finden, die ebenfalls bereit sind, das Abenteuer der Gruppengründung zu wagen. Überlegen Sie, wo solche gleichermaßen Betroffenen gehäuft auftreten, z. B. in spezialisierten Arztpraxen, in Kliniken oder Beratungsstellen, in Ämtern der Gemeindeverwaltung oder bei Krankenkassen. Die jeweiligen Fachleute dort können Ihnen helfen, Kontakte zu anderen Interessierten zu finden. Aushänge in Wartezimmern wären dafür geeignet oder ein »Brief an unbekannte Mitbetroffene«, in dem man sich selber »outet« und zur Kontaktaufnahme einlädt. Die Mitarbeiter der Praxis, der Beratungsstelle oder des Krankenhauses könnten ihn dann – unter völliger Wahrung der Anonymität der Empfänger – an diese weiterleiten und so Kontakt unter Betroffenen ermöglichen, sofern diese es wünschen.

Bei weit verbreiteten Krankheiten oder Problemlagen können solche Aushänge auch in Supermärkten, Stadtbibliotheken, Volkshochschulen, Kirchengemeinden usw. angebracht werden, überall dort, wo es Informationsbretter für die Besucher bzw. Kunden gibt.

Wegen der hohen Verbreitung sind Tageszeitungen und insbesondere die kostenlosen Anzeigenblätter für die Bekanntmachung von Selbsthilfegruppen-Gründungen sehr beliebt. Besonders wirkungsvoll dürfte ein kleiner Artikel sein, für den Sie einen Lokalredakteur gewinnen müßten. Die sind oft durchaus interessiert an solchen Ereignissen, nicht nur weil sie Selbsthilfegruppen unterstützen möchten, sondern weil eine solche Information auch einen guten Leser-Service ihrer Zeitung darstellt.

Welchen Weg in die Öffentlichkeit Sie auch wählen, vergessen Sie nicht, entweder gleich Ort und Termin der Gruppengründung anzukündigen oder den Lesern eine Kontaktaufnahme zu Ihnen zu ermöglichen (Adresse und/oder Telefonnummer und/oder Chiffre-Zuschrift an die Zeitung). Natürlich riskieren Sie damit, »in Anspruch genommen« zu werden. Belastete Menschen werden sich an Sie wenden, vielleicht auch solche, die gar nicht wirklich an einer Selbsthilfegruppe interessiert sind, sondern nur ihre Klagen und Probleme loswerden wollen. Und per Telefon werden sie es manchmal auch in Abend- oder gar Nachtstunden und am Wochenende probieren. Das muß man sich vorher überlegen und ggf. Vorkehrungen treffen (z. B. Anrufbeantworter oder Nebenanschluß einrichten). Die Selbsthilfe-Kontaktstelle oder eine andere professionelle Einrichtung kann hier als »Puffer-Adresse« dienen, die man statt der eigenen privaten veröffentlicht. Mit den kooperierenden Profis ist dann genau abzusprechen, wie die verfahren sollen, wenn sich Interessenten bei ihnen melden.

Auf jeden Fall sollten Sie die nächstgelegene Kontaktstelle über Ihre Gründungsaktivitäten informieren, denn dort melden sich vielleicht Menschen, die genau nach einer solchen Selbsthilfegruppe suchen.

RAUMSUCHE

Soll die Selbsthilfegruppen-Gründung durch eine größere Informationsveranstaltung angestoßen werden, muß ein passender Raum dafür gefunden werden. Hier würde sich wiederum ein Kooperationspartner bewähren, etwa eine Krankenkasse, eine Arztpraxis, eine Apotheke, eine Klinik, das Gesundheitsamt, die Volkshochschule oder ein Wohlfahrtsverband. Am besten beginnen Sie mit Ihren Nachfragen um Unterstützung dort, wo Sie bereits Mitarbeiter persönlich kennen. Aber gleich eine Warnung vorweg: Zu Informationsveranstaltungen kommen immer sehr viel mehr Leute, als später zur Selbsthilfegruppe. Es ist eben so viel einfacher, sich einen Vortrag anzuhören und allenfalls ein paar Nachfragen zu stellen, als auf Dauer selber aktiv zu werden oder gar Verantwortung für die Gruppe zu übernehmen. Mit erheblichen »Schwundraten« sollte man also von vornherein rechnen; dann können sie einen auch nicht so sehr frustrieren.

In vielen Fällen kann man sich den Aufwand einer größeren Veranstaltung sparen und die Einladung gleich auf potentielle Teilnehmer an einer Selbsthilfegruppe beschränken. Es stellt sich dann die Frage nach einem geeigneten Raum für die regelmäßigen Gruppensitzungen. Nicht bewährt haben sich Treffen in Privatwohnungen (weil hier immer ein Mitglied in einer Sonderrolle als Gastgeber bleibt) oder in Hinterzimmern von Gaststätten (weil hier Verzehr erwartet wird und die Bedienung die Sitzungen entsprechend unterbrechen wird). Der Raum sollte vielmehr neutral sein, ruhig, einigermaßen gemütlich, das Sitzen im Kreis (evtl. ohne Tische) ermöglichen und regelmäßig, hoffentlich kostenlos, zur Verfügung stehen. Auch die Erreichbarkeit (öffentliche Verkehrsmittel, Parkplätze) und ggf. die Behindertenfreundlichkeit sind zu beachten. Fangen Sie mit Ihrer Suche wieder dort an, wo Sie persönliche Kontakte haben. Fragen Sie Ihren Arzt, Ihre Krankenkasse, Ihre Gemeindeverwaltung oder Ihren Pfarrer. In Frage kommen auch Beratungsstellen, Wohlfahrtsverbände, Volkshochschulen usw. Je persönlicher der Kontakt, desto eher lassen sich bürokratische Hindernisse überwinden (etwa die Schlüsselübergabe oder versicherungsrechtliche Bedenken). Beharren Sie zunächst einmal darauf, daß man Ihnen den Raum kostenlos überlassen möge! Viele Personen und Institutionen weisen in ihrer Öffentlichkeitsarbeit gerne darauf hin, daß sie Selbsthilfegruppen unterstützen. Nun sollen sie es beweisen!

Fragen Sie auch bei der nächsten Kontaktstelle für Selbsthilfegruppen nach. Viele können Räumlichkeiten für Gruppensitzungen vermitteln; manche verfügen sogar über eigene.

GELD

Viele Selbsthilfegruppen brauchen für ihre Aktivitäten nur in Ausnahmefällen Geld – jedenfalls wenn ihnen Räumlichkeiten und Beratung kostenlos zur Verfügung gestellt werden. Wo kein professioneller Gruppenleiter ist, muß auch keiner bezahlt werden. Ein Gruppenmitglied formulierte es einmal so: »Das kostet kein Geld – das kostet Mut!« Auch wenn Sie gelegentlich einen Referenten einladen, sollten Sie ihn immer erst einmal bei seiner Ehre (oder sogar Verpflichtung!) als Selbsthilfegruppen-Unterstützer packen! Und für einen Blumenstrauß oder für eine Flasche Wein als symbolisches Dankeschön können die Gruppenmitglieder vielleicht ein paar Mark erübrigen, wenn ihnen dies angezeigt erscheint.

Ansonsten droht ein mehr oder weniger aufwendiges Antragsverfahren, wenn man Finanzmittel für Selbsthilfegruppen-Aktivitäten beschaffen will. Als Adressaten kämen hier in Frage: Krankenkassen (die alle über Richtlinien zur Förderung von gesundheitsbezogenen Selbsthilfegruppen verfügen), Gemeindeverwaltungen (von denen allerdings erst wenige spezielle »Selbsthilfe-Töpfe« eingerichtet haben), Firmen und private Spender. Überlegen Sie, wer ein Interesse daran haben könnte, gerade Ihre Selbsthilfegruppe zu fördern. Aber bedenken Sie auch, welche

Gegenleistungen womöglich von Ihnen erwartet werden. Die Unabhängigkeit und Eigenverantwortlichkeit der Gruppe sollte unbedingt gewahrt bleiben! Die Betroffenen sollten das Steuer nicht aus der Hand geben.

Auch bei der Suche nach Geldquellen kann Ihnen die Kontaktstelle für Selbsthilfegruppen nützliche Hinweise geben, wenn sie auch selber in der Regel nicht über entsprechende Budgets verfügt.

GRÜNDUNGSVERANSTALTUNG

Es wird sich wohl nicht vermeiden lassen, daß zu Anfang die Augen aller erwartungsvoll auf Sie gerichtet sind. Sie sind als Einlader, Initiator oder Ansprechpartner identifizierbar, und Sie müssen damit rechnen, daß die anderen zunächst eine abwartende Haltung einnehmen werden. Das ist legitim. Aber wenn tatsächlich eine Selbsthilfegruppe entstehen soll, muß schon bald ein Prozeß einsetzen, der die Arbeit und die Verantwortung auf mehrere Schultern verteilt – im Idealfalle auf die aller Mitglieder. Oder anders ausgedrückt: Jeder soll nach seinen Fähigkeiten und Möglichkeiten beitragen; es soll keine dauerhafte Aufteilung in »Betreuer« und »Betreute« geben.

Schon in der ersten Sitzung sollten die verschiedenen Vorstellungen über mögliche Strukturen und Aktivitäten ausgetauscht werden. Dazu sollten alle Anwesenden ihre persönlichen Interessen, Wünsche und Vorerfahrungen, aber auch Ängste und Befürchtungen äußern. Am besten in der »Ich«-Form, anstatt abstrakt von »man« zu reden.

Bei vielen Gründungsveranstaltungen von Selbsthilfegruppen hat es sich bewährt, einen neutralen Moderator von außen dazu zu bitten. Er soll die Sitzung leiten, auf die Gesprächsführung achten und einige Regeln der Selbsthilfegruppen-Arbeit vermitteln. Dafür kommen erfahrene Betroffene (z. B. von einem entsprechenden Landes- oder Bundesverband) in Frage, oder aber professionelle Helfer. Diese sind dann lediglich »zu Gast« in der Gründungsversammlung bzw. als Assistenten oder »Geburtshelfer« engagiert. Später in der Selbsthilfegruppe haben sie nichts mehr zu suchen, weil sie keine Betroffenen sind!

Für solche Moderatorenfunktion kommen Fachleute der medizinischen oder der psychosozialen Versorgung in Frage (z. B. Ärzte des entsprechenden Fachgebietes, Psychologen oder Sozialarbeiter), vor allem aber die Mitarbeiter in Kontaktstellen für Selbsthilfegruppen, zu deren spezifischen Angeboten die Gründungsbegleitung gehört.

GRUPPENVERLAUF

Die Verläufe von Selbsthilfegruppen, sowohl der einzelnen Sitzung, als auch über längere Zeit gesehen, sind äußerst vielfältig. Sie hängen stark davon ab, zu welchem Typ eine bestimmte Gruppe gehört (vgl. Kapitel »Was genau ist eigentlich eine Selbsthilfegruppe?«).

In kleinen, überschaubaren Gesprächsgruppen wird meist gar keine Vorgabe gemacht. Die Themen ergeben sich spontan aus den aktuellen persönlichen Bedürfnissen der Anwesenden. Viele dieser Gruppen nutzen das sog. »Blitzlicht« als eine Technik, sich schnell einen Überblick über die augenblickliche Befindlichkeit der Teilnehmer und über die Stimmung in der Gruppe insgesamt zu verschaffen. Beim »Blitzlicht« sagt jeder, der möchte, ganz kurz und knapp, wie er sich gerade fühlt, was ihn bewegt, was er in letzter Zeit Wichtiges erlebt hat oder worüber er gerne sprechen möchte. Die Beiträge im »Blitzlicht« werden nicht kommentiert! So kommt jeder zumindest einmal zu Wort, und man kann sich »seelisch in der Gruppe orientieren«.

Die Selbsthilfegruppen vom »Anonymous-Typ« haben ihre eigenen Traditionen, nach denen sie die »Meetings« (wie die Sitzungen dort genannt werden) ablaufen. Oft werden Texte aus der Anonymous-Literatur verlesen als Anregung für spätere Redebeiträge der Teilnehmer. Nach Wortmeldung berichten Einzelne aus ihrem Leben, vom Kampf mit ihrer Sucht, von Rückfällen und gelungenen Schritten zur Genesung. »Keine Fragen, keine Ratschläge, jeder über sich selbst« heißt ihr Motto. Das Beispiel der anderen soll wirken, sei es als Vorbild, sei es als Warnung. Und im Sprechen über sich selber läßt sich manches klären, was einem selber vorher so nicht bewußt war.

Andere Selbsthilfegruppen, vor allem solche von chronisch Kranken und Behinderten, haben sehr strukturierte Gruppenabläufe, die weitgehend von den Vorsitzenden vorbereitet und gesteuert werden und die sich im wesentlichen auf Information und Aufklärung für Betroffene konzentrieren. Die Treffen finden seltener statt als bei den oben genannten Selbsthilfegruppen-Typen, und sie sind häufig mit Freizeitunternehmungen oder Fachvorträgen verbunden. Es geht um Diagnose- und Behandlungsmethoden, aber auch um soziale und rechtliche Folgen von Krankheit und Behinderung.

Welchen Ablauf Sie auch immer für Ihre eigene Selbsthilfegruppe wählen, vergessen Sie eines nicht: Gruppen sind »lebendige Systeme«, deren Steuerung ganz wesentlich aus sich selbst heraus geschieht. Organisieren und planen Sie die Gruppe nicht zu Tode! Lassen Sie verschiedenen Strömungen und Interessen Raum. Und halten Sie gelegentlich inne mit der Gruppenarbeit, um gemeinsam zu erörtern: Wo stehen wir jetzt? Wo wollen wir hin? Womit sind wir in der Gruppe zufrieden und womit unzufrieden? Welche Veränderungen wünschen wir uns?

Die Erfahrung zeigt, daß solch ein kritisches Nachdenken über sich selber leichter gelingen kann, wenn es im Dialog mit einem neutralen Gesprächspartner geschieht. Auch hierfür stehen Ihnen die Selbsthilfe-Kontaktstellen zur Verfügung, oder sie helfen Ihnen, geeignete Fachleute dafür zu finden.

Was bietet eine Selbsthilfe-Kontaktstelle?

Spezielle Selbsthilfe-Kontaktstellen haben sich in Deutschland seit den 80er Jahren herausgebildet. Einige verfügen also bereits über 20 Jahre Erfahrung. Regionale Besonderheiten, unterschiedliche Qualifikation des Personals sowie Größe und Ausstattung der Einrichtungen haben zu verschiedenen Schwerpunkten und zur Spezialisierung in der Arbeit geführt. Einigkeit herrscht jedoch darüber, daß diese Kontaktstellen für *alle* Selbsthilfegruppen (unabhängig von ihrem Thema) da sein sollen, wie auch für alle Interessierten, egal ob Betroffene, Angehörige oder Fachleute.

Das Leistungsangebot der Selbsthilfe-Kontaktstellen läßt sich folgendermaßen beschreiben:
Zunächst stehen sie Einzelpersonen als Auskunftsstelle zur Verfügung, die sich generell nach Konzept und Arbeitsweise, nach Möglichkeiten und Grenzen von Selbsthilfegruppen erkundigen wollen. Hinter solchen »Sachfragen« steht häufig das Bedürfnis, im Gespräch mit einem Berater herauszufinden, ob dieser Ansatz in der spezifischen eigenen Lebenssituation hilfreich sein könnte. Ähnliche Anfragen kommen auch von anderen Einrichtungen der medizinischen und psychosozialen Versorgung, die klären möchten, ob für bestimmte Menschen, die bei ihnen in Betreuung sind, eine Selbsthilfegruppe in Frage käme.

Ist der Wunsch nach einer Teilnahme bereits geklärt, ist die Kontaktstelle die sinnvollste Anlaufadresse, um herauszufinden, ob eine bestimmte Selbsthilfegruppe in der Region bereits vorhanden ist und wie man am besten Zugang zu ihr findet. Hier muß man noch einmal erwähnen, daß die Selbsthilfegruppen-Landschaft teilweise einer schnellen Veränderung unterworfen ist. Ständig entstehen neue Gruppen, bei bestehenden wechselt die Ansprechperson oder der Tagungsort. Nicht jede Selbsthilfegruppe nimmt ständig neue Mitglieder auf, und manche Gruppen lösen sich wieder auf. Hier auf dem jeweils neuesten Informationsstand zu sein, ist eine aufwendige Aufgabe, die nur vor Ort zu lösen ist. Selbsthilfe-Kontaktstellen halten umfassende Verzeichnisse örtlicher Gruppen vor und aktualisieren diese laufend.

Sollte es dem Interessenten oder dem Berater notwendig erscheinen, können auch persönliche Beratungsgespräche in der Kontaktstelle vereinbart werden. Die Beratung bezieht sich dann freilich *nicht* direkt auf die Probleme des Ratsuchenden – z. B. gesundheitlicher Art –, sondern auf die Frage, ob eine Selbsthilfegruppe für ihn das Richtige wäre, und ggf. welche, bzw. welche Alternativ-Angebote der gesundheitlichen oder psychosozialen Versorgung vor Ort in Erwägung gezogen werden könnten. In medizinischen und anderen Fachfragen können Selbsthilfegruppen-Berater in der Regel keine Kompetenz beanspruchen. Vielmehr sind sie Wegweiser im Selbsthilfe- und Versorgungssystem und Gesprächspartner zur Klärung eigener Entscheidungskonflikte und weiterer Suchaktivitäten.

Wenn sich herausstellt, daß zu einer bestimmten Thematik noch keine Selbsthilfegruppe in der Region besteht, oder sollte die Teilnahme neuer Interessenten aus irgendwelchen Gründen an einer bestehenden Gruppe nicht möglich sein, bietet die Kontaktstelle die beste Unterstützung bei einer Neugründung. Unterstützung heißt: es werden von den Profis nicht Selbsthilfegruppen *für* die interessierten Betroffenen gegründet, sondern jene tun es *selber*, werden dabei aber nicht alleine gelassen. Zwischen Selbsthilfe-Beratern und Interessenten kann das weitere Vorgehen gemeinsam besprochen und geplant werden. Zu erwartende Fragen und Probleme werden vorweggenommen und Lösungsmöglichkeiten durchgespielt, wobei die Erfahrungen anderer Selbsthilfegruppen Berücksichtigung findet. Das sprichwörtliche Rad muß nicht bei jeder Gruppengründung neu erfunden werden. Die Kontaktstellen spielen eine wichtige Rolle bei der Weitergabe von Erfahrungswissen und Traditionen, wofür es in weiten Selbsthilfebereichen, vor allem bei autonomen Gruppen, sonst kaum eine Möglichkeit gibt.

Selbsthilfe-Kontaktstellen können helfen, geeignete Räume für Gründungsversammlungen oder für ständige Gruppentreffs zu finden. Manche verfügen sogar über eigene Räumlichkeiten.

Bei der Moderation von Gründungstreffen (manchmal auch bei einigen weiteren Sitzungen in der Anlaufphase) stellen die Kontaktstellen eigenes Personal zur Verfügung oder vermitteln geeignete Fachkräfte. Das senkt erfahrungsgemäß die Anfangsängste und hilft den Initiatoren unter den Betroffenen, nicht all zu sehr in eine Leiterrolle gedrängt und von alleiniger Verantwortung erdrückt zu werden.

Außer Gruppenräumen kann in manchen Kontaktstellen auch die Nutzung von Büroeinrichtung angeboten werden, je nachdem, wie gut sie selber ausgestattet
sind.

Selbsthilfe-Kontaktstellen vermitteln auf Wunsch
von Gruppen Kontakte zu anderen Experten, die gelegentlich als Referenten oder Berater eingeladen werden
sollen, um Sachinformationen für die Gruppenmitglieder zur Verfügung zu stellen. Häufig sind das Mediziner, die über neue Diagnose- und Behandlungsmethoden aufklären oder zur Beantwortung aller möglichen
Patientenfragen zur Verfügung stehen. Durch den
Gruppenansatz ist dies natürlich ein besonders ökono-
misches Verfahren, da viele Teilnehmer ähnliche Fragen
auf dem Herzen haben und alle Anwesenden von der
Beantwortung profitieren können. Je nach Thema der
Selbsthilfegruppe können auch Psychologen, Sozialarbeiter, Ernährungswissenschaftler, Krankenkassenver-
treter, Mitarbeiter von Sanitätshäusern, Juristen oder
andere Fachleute hilfreich sein.

Bei Problemen in der Gruppenarbeit, die selbstverständlich immer einmal auftauchen können, stehen die
Kontaktstellen als Ansprechpartner zur Verfügung.
Viele sind bereit, selber im Sinne einer »Kriseninterven-
tion« mit Selbsthilfegruppen über deren weitere Vorge-
hensweise zu beraten, wenn es einmal »klemmt« bei der
Gruppenarbeit. Zumindest wären sie jedoch in der
Lage, auch hierfür geeignetes Fachpersonal zu vermitteln. Solche Probleme sind manchmal rein organisato-
rischer, manchmal eher gruppendynamischer Art.
Hinzugezogene Fachleute sollten dann nicht selber die

Leitung der Selbsthilfegruppe übernehmen, sondern ihr vielmehr helfen, die bestehenden Probleme genauer zu erkennen und zu benennen und gemeinsam über Lösungsmöglichkeiten nachzudenken. Allein die Fragen eines Außenstehenden sind oft schon hilfreich genug, um die eigene »Betriebsblindheit« zu überwinden und »schlummernde Potentiale« in der Gruppe zu wecken. Oft zeigt sich z. B., daß bei einzelnen Gruppenmitgliedern schon erstaunlich gute Ideen vorhanden sind, die aber aus irgendwelchen Gründen nicht geäußert oder nicht beachtet wurden. Werden diese nun aufgegriffen und umgesetzt, so stärkt das wiederum die Erfahrung der eigenen Kompetenz und Wirksamkeit in der Gruppe, das Vertrauen in eigene Ressourcen steigt, Optimismus, Hoffnung und Initiativkraft verbreiten sich – lauter heilsame Faktoren, wie man aus der Forschung weiß.

Kontaktstellen können auch Hinweise geben, wohin sich Selbsthilfegruppen wenden können, wenn für ihre Aktivitäten finanzielle Mittel benötigt werden, die nicht mehr von den Gruppenmitgliedern selber aufgebracht werden können. Allerdings verfügen die Kontaktstellen in der Regel nicht über eigene »Gruppen-Töpfe«. Sie können nur den Weg zu anderen Quellen zeigen. Manche Kommunen haben eigene (meist sehr bescheidene) Selbsthilfe-Etats eingerichtet, oder sie können Zugang zu örtlichen Stiftungen oder Spendern verschaffen. Mittlerweile von besonderer Wichtigkeit für Selbsthilfegruppen im Gesundheitsbereich ist die Förderung durch gesetzliche Krankenkassen »nach § 20, Abs. 4 SGB V«. In diesem fünften Sozialgesetzbuch ist geregelt, was die Kassen zu tun und zu lassen haben. Und seit 1. 1. 2000 sind sie eben auch verpflichtet, Selbsthilfegruppen, Selbsthilfeorganisationen und Selbsthilfe-Kontaktstellen zu fördern. Seit 2001 gilt dies ebenso für andere Rehabilitationsträger (z. B. Rentenversicherungen), jedoch ist es hier bis Anfang 2004 noch nicht gelungen, in akzeptabler Form einheitliche Empfehlungen zu verabschieden und einen Fortschritt in der praktischen Umsetzung des Gesetzes zu erzielen.

Daneben finden viele Selbsthilfegruppen Privatleute oder Firmen, die sie mit Sach- oder Geldspenden unterstützen. Der wichtigste – und unbezahlbare – Beitrag wird jedoch von den Menschen in den Gruppen selber geleistet, nicht nur durch ihre Mitgliedsbeiträge und andere materielle Leistungen, sondern vor allem durch ihr geteiltes Leid, ihr geteiltes Wissen, ihre geteilte Erfahrung, ihre geteilte Freude.

Selbsthilfe-Kontaktstellen haben schließlich eine Art »Sprachrohr-Funktion« für die Selbsthilfegruppen-Bewegung insgesamt, etwa in Form von Beteiligung an Beiräten und Arbeitsgemeinschaften, die sich mit der Versorgungssituation einer Region beschäftigen oder themenübergreifende Probleme erörtern. (Bei krankheitsspezifischen Fragen sind die meisten Selbsthilfegruppen sehr wohl in der Lage, selber ihre Meinung und ihre Interessen zu vertreten.) Die Stellvertretungsfunktion der Kontaktstelle ist insbesondere für solche Selbsthilfegruppen wichtig, die nicht in Verbandsstrukturen organisiert sind, keine geeigneten Sprecher haben oder lieber ganz anonym bleiben möchten. Und es dürfen auch jene Bürger nicht vergessen werden, die noch gar nicht in Selbsthilfegruppen sind, aber daran Interesse haben und als mögliche Mitglieder in Frage kommen. Selbsthilfe-Kontaktstellen vertreten die Idee, den Ansatz, wenn man so will: die Methode der eigenverantwortlichen Gruppenarbeit von Betroffenen ohne professionelle Anleitung und versuchen, generell zu einem »selbsthilfefreundlichen Klima« beizutragen. In diesem Sinne wirken sie z. B. auch in Fortbildungsveranstaltungen für Fachleute, wo diese über Chancen und Grenzen informiert und für verstärkte Kooperation mit der Selbsthilfe gewonnen werden sollen.

Sollten Sie als ein beruflicher Helfer dieses Buch lesen, möge es Ihnen ebenfalls als Anregung dienen, sich einmal mit Ihrer nächstgelegenen Selbsthilfe-Kontaktstelle in Verbindung zu setzen, um Kooperationsmöglichkeiten bzw. Selbsthilfe-Chancen für die Menschen in Erfahrung zu bringen, mit denen Sie professionell arbeiten.

ANHANG

Adressen von Selbsthilfe-Kontaktstellen und ähnlichen Unterstützungsangeboten in Deutschland, Österreich, der Schweiz und Liechtenstein

Diese Adressen und Telefonnummern können sich im Laufe der Zeit ändern. Sollte Ihre Kontaktaufnahme daran scheitern, können Sie den aktuellsten Informationsstand in Deutschland bei der NAKOS erfragen. Für Österreich wenden Sie sich am besten an SIGIS, und für die Schweiz und Liechtenstein an KOSCH.

NAKOS (Nationale Kontakt- und Informationsstelle zur Anregung und Unterstützung von Selbsthilfegruppen)
Wilmersdorfer Straße 39, 10627 Berlin
Tel.: 030 / 3108960
Fax: 030 / 31018970
Email: selbsthilfe@nakos.de
Internet: http://www.nakos.de

SIGIS (Service- und Informationsstelle für Gesundheitsinitiativen und Selbsthilfegruppen im Fonds »Gesundes Österreich«)
Mariahilfer Straße 176, 1150 Wien
Tel.: +43(0)1 / 895040012
Fax: +43(0)1 / 895040020
Internet: http://www.fgoe.org
Email: gesundes.oesterreich@fgoe.org

Stiftung KOSCH (Koordination und Förderung
von Selbsthilfegruppen in der Schweiz)
Laufenstraße 12, 4053 Basel
Tel.: 041 / 61 / 3338601
Fax: 041 / 61 / 3338602
Internet: www.kosch.ch
Email: gs@kosch.ch

DEUTSCHLAND

AACHEN: Aachener Kontakt- und Informations-
stelle für Selbsthilfegruppen an der VHS
Ottostraße 88–90, 52070 Aachen
Tel.: 0241 / 4009584

AALEN: Kontakt- und Informationsstelle für
gesundheitliche Selbsthilfegruppen im
AOK-Gesundheitszentrum
Wiener Straße 6, 73430 Aalen
Tel.: 07361 / 584177

AHLEN / WESTFALEN: PariSozial gGmbH
für Paritätische Sozialdienste
Zeppelinstraße 63, 59229 Ahlen
Tel.: 02382 / 709920

ALBSTADT: AOK Zollernalb
Museumsstraße 14, 72458 Albstadt
Tel.: 07431 / 1223710

ALFTER-OEDEKOVEN: KISS Rhein-Sieg
Am Rathaus 13b, 53347 Alfter-Oedekoven
Tel.: 0228 / 3692820

ALTENBURG: Landratsamt Altenburger Land –
Gesundheitsamt,
Lindenaustraße 31, 04600 Altenburg
Tel.: 03447 / 586849

ALTÖTTING: Selbsthilfe Kontakt- und
Informationsstelle – SEKIS, Bayrisches Rotes Kreuz
– Kreisverband Altötting
Raitenharter Straße 8, 84503 Altötting
Tel.: 08671 / 506614

APOLDA: Kontakt- und Informationsstelle
für Selbsthilfegruppen – Landratsamt Weimarer Land /
Gesundheitsamt
Bahnhofstraße 44, 99510 Apolda
Tel.: 03644 / 555704

ARNSBERG: Arnsberger Kontakt- und
Informationsstelle für Selbsthilfegruppen
Lange Wende 16 a, 59755 Arnsberg
Tel.: 02932 / 9319902

ARNSTADT: Kontakt- und Informationsstelle
für Selbsthilfegruppen im Ilm-Kreis
Karl-Marien-Straße 50, 99310 Arnstadt
Tel.: 03628 / 602754

ARTERN: Gesundheitsamt Kyffhäuserkreis,
Informations- und Kontaktstelle
für Selbsthilfegruppen – IKOS
c/o VHS, Puschkinstraße 58, 06556 Artern
Tel.: 03466 / 322077

ASCHERSLEBEN: Der Paritätische in den Land-
kreisen Aschersleben/Straßfurt, Bernburg, Köthen,
Mansfelder Land und Sangerhausen
Dr.-Wilhelm-Külz-Platz 10, 06449 Aschersleben
Tel.: 03473 / 92980

AUGSBURG: Selbsthilfe-Kontaktstelle neuer Infor-
mationen von A bis XYZ – KOSTNIX –
Gesundheitsamt der Stadt Augsburg
Karmelitengasse 11, 86152 Augsburg
Tel.: 0821 / 3242016

AURICH: Kontakt- und Informationsstelle
für Selbsthilfegruppen im Paritätischen
Große Mühlenwallstraße 21, 26603 Aurich
Tel.: 04941 / 939414

BAD FREIENWALDE: Kontaktstelle
für Selbsthilfegruppen im Haus der Begegnung
Ringstraße 1, 16259 Bad Freienwalde
Tel.: 03344 / 5208

BAD LAER: Gesundheitszentrum Bad Laer
Grüner Weg 1, 49196 Bad Laer
Tel.: 05424 / 801234

BAD REICHENHALL: Kontaktstelle
für Selbsthilfegruppen im Berchtesgadener Land
Herzog-Georgen-Straße 2, 83435 Bad Reichenhall
Tel.: 08651 / 602338

BAD SCHWALBACH: KISS
Heimbacher Straße 7, 65307 Bad Schwalbach
Tel.: 06124 / 510360

BAD SEGEBERG: Zentrale Kontaktstelle
für Selbsthilfegruppen im DRK
Kurhausstraße 57, 23795 Bad Segeberg
Tel.: 04551 / 99237

BAD URACH: AOK Bad Urach-Münsingen
Olgastraße 7, 72574 Bad Urach
Tel.: 07125 / 1502700

BAD VILBEL: BÜRGERaktive Bad Vilbel
Frankfurter Straße 15, 61118 Bad Vilbel
Tel.: 06101 / 1384

BAD WILDUNGEN: TREFFPUNKT e.V.,
Verein zur Förderung von psychosozialer
Beratung und Selbsthilfe
Hufelandstraße 12, 34537 Bad Wildungen
Tel.: 05621 / 96580

BADEN-BADEN: Gesundheitsamt Raststatt
Bernhardstraße 44, 76530 Baden-Baden
Tel.: 07221 / 3024682375

BALINGEN: AOK Zollernalb
Hindenburgstraße 25, 72336 Balingen
Tel.: 07433 / 2622714

BAMBERG: Selbsthilfebüro Bamberg
Kontakt- und Informationsstelle
für Selbsthilfegruppen und Interessierte
Obere Königstraße 4a, 96052 Bamberg
Tel.: 0951 / 96830287

BARNSTORF: Gesundheitsladen Barnstorf –
Interessengemeinschaft Gesundes Leben e.V.
Kampstraße 19, 49406 Barnstorf
Tel.: 05442 / 8900

BAUTZEN: KISS im Landkreis Bautzen
Bahnhofstraße 9, 02625 Bautzen
Tel.: 03591 / 324800

BAYREUTH: AOK Bayern, Direktion Bayreuth-
Kulmbach – Sozialdienst
Friedrich-Puchta-Straße 27, 95444 Bayreuth
Tel.: 0921 / 288378

BEESKOW: Selbsthilfekontaktstelle Beeskow
Bodelschwinghstraße 20, 15848 Beeskow
Tel.: 03366 / 23028

BELZIG: KISS
c/o Suchtkrankenhilfe der AWO

Gliener Straße 9, 14806 Belzig
Tel.: 033841 / 30365

BERGISCH GLADBACH: KISS,
Selbsthilfebüro Bergisch Gladbach
Richard-Zanders-Straße 10, 51465 Bergisch Gladbach
Tel.: 02202 / 9368921

BERLIN: Selbsthilfe Kontakt- und
Informationsstelle SEKIS
Albrecht-Achilles-Straße 65, 10709 Berlin
Tel.: 030 / 8926602

BIBERACH: AOK Biberach, Sozialer Dienst
Zeppelinring 2-4, 88400 Biberach
Tel.: 07351 / 501260

BIEDENKOPF: DER TREFF
Kontaktstelle für Selbsthilfegruppen
Hainstraße 39, 35216 Biedenkopf
Tel.: 06461 / 95240

BIELEFELD: Bielefelder Kontakt- und
Informationsstelle für Selbsthilfegruppen – BIKIS
Stapenhorststraße 5, 33615 Bielefeld
Tel.: 0521 / 121802

BOCHUM: Selbsthilfebüro
c/o Haus der Begegnung
Alsenstraße 19a, 44789 Bochum
Tel.: 0234 / 5880707

BÖBLINGEN: Gesundheitsamt – Landratsamt
Böblingen
Parkstraße 4, 71034 Böblingen
Tel.: 07031 / 663751

BONN: Selbsthilfe Kontakt- und Informationsstelle
– SEKIS
Lotharstraße 95, 53115 Bonn
Tel.: 0228 / 9145917

BRANDENBURG / HAVEL: Brandenburger
Informations- und Kontaktstelle für Selbsthilfe –
BIKS
Neustädtische Heidestraße 24–25
14776 Brandenburg a. d. Havel
Tel.: 03381 / 2099336

BRAUNSCHWEIG: Kontakt, Information und
Beratung im Selbsthilfebereich –
KIBIS im Paritätischen
Lessingplatz 1, 38100 Braunschweig
Tel.: 0531 / 4807920

BREMEN: Gesundheitsamt Bremen –
Gesundheitsförderung / Selbsthilfeförderung
Horner Straße 60–70, 28203 Bremen
Tel.: 0421 / 36115163

BRUCHHAUSEN-VILSEN: RELEASE e. V.
gemeindenahes Netz psychosozialer Hilfen
Vilser Schulstraße 17, in der »Heimatstube«

27305 Bruchhausen-Vilsen
Tel.: 04252 / 1541

BRÜGGEN: BIS – Kontakt- und Informationsstelle
im Kreis Viersen
Klosterstraße 5, 41379 Brüggen
Tel.: 02163 / 5622

BÜTZOW: KISS Teterow
Am Ausfall 32, 18246 Bützow
Tel.: 038461 / 65121

CELLE: Kontakt-, Informations- und Beratungsstelle
für Selbsthilfegruppen im AOK Gesundheitszentrum
Schloßplatz 11–12, 29221 Celle
Tel.: 05141 / 97046615

CHEMNITZ: Kontakt- und Informationsstelle
für Selbsthilfe – KISS
Rembrandtstraße 13a/b, 09111 Chemnitz
Tel.: 0371 / 6004860

CLOPPENBURG: VHS – Kontaktstelle
für Selbsthilfe
Altes Stadttor 16, 49661 Cloppenburg
Tel.: 04471 / 185872

COBURG: Kontakt- und Informationsstelle
ür Selbsthilfegruppen der Stadt Coburg
Oberer Bürglaß 4, 96450 Coburg
Tel.: 09561 / 891576

COTTBUS: Regionale Kontakt- und Informations-
stelle für Selbsthilfe – REKIS Cottbus
Hölderlinstraße 29, 03050 Cottbus
Tel.: 0355 / 543205

CUXHAVEN: Kontakt, Information und Beratung
im Selbsthilfebereich im Paritätischen
Kirchenpauerstraße 1, 27472 Cuxhaven
Tel.: 04721 / 579332

DARMSTADT: Selbsthilfebüro Darmstadt
im Paritätischen Wohlfahrtsverband
Poststraße 9, 64293 Darmstadt
Tel.: 06151 / 895005

DEGGENDORF: Selbsthilfekontaktstelle
Niederbayern
c/o Klinik Angermühle, Angermühle 8 a/b
94469 Deggendorf
Tel.: 0991 / 3705594

DELMENHORST: Kontakt- und Beratungsstelle
für Selbsthilfegruppen im Gesundheitsamt
Lange Straße 1a, 27749 Delmenhorst
Tel.: 04221 / 992625

DEMMIN: Selbsthilfekontakt-, Informations- und
Beratungsstelle im DRK Kreisverband e. V.
Neuer Weg 19, 17109 Demmin
Tel.: 03998 / 27170

DESSAU: Kontakt- und Informationsstelle
für Selbsthilfegruppen, c/o ASG Dessau e. V.
Eduardstraße 31, 06844 Dessau
Tel.: 0340 / 213200

DETMOLD: Lippische Kontakt- und Informations-
stelle für Selbsthilfe – LiKISS
Elisabethstraße 47, 32756 Detmold
Tel.: 05231 / 561260

DIEPHOLZ: AOK in Diepholz
Niedersachsenstraße 4, 49356 Diepholz
Tel.: 05441 / 90149616

DILLENBURG: Kontaktstelle für Selbst-
hilfegruppen im Caritasverband
Bismarkstraße 13, 65683 Dillenburg
Tel.: 02771 / 831926

DILLINGEN: KIBIS – BRK, Sozialzentrum
Schillerstraße 3, 89407 Dillingen
Tel.: 09071 / 793013

DINSLAKEN: Kontaktstelle für Selbsthilfegruppen
im Kreis Wesel, c/o Zentrum am Pfauenzehnt
Hünxer Straße 134, 46537 Dinslaken
Tel.: 02841 / 9000

DORTMUND: Kontakt- und Informationsstelle
für Selbsthilfe – K.I.S.S. Dortmund

Friedensplatz 8, 44135 Dortmund
Tel.: 0231 / 529097

DRESDEN: Kontakt- und Informationsstelle
für Selbsthilfegruppen
Ehrlichstraße 3, 01067 Dresden
Tel.: 0351 / 3138492

DUISBURG: Psychiatrische Hilfsgemeinschaft
Duisburg e. V.
Weidmannstraße 15, 47166 Duisburg
Tel.: 0203 / 5444790

DÜREN: Der ParitätischeWohlfahrtsverband
Paradiesbenden 24, 52349 Düren
Tel.: 02421 / 489211

DÜSSELDORF: Selbsthilfe-Service-Büro
im Gesundheitsamt Düsseldorf
Kölner Straße 180, 40227 Düsseldorf
Tel.: 0211 / 8992202

EBERSWALDE: Kontaktstelle für Selbsthilfegrup-
pen im Behindertenverband Kreis Eberswalde e. V.
Schönholzer Straße 12, 16227 Eberswalde
Tel.: 03334 / 236020

EDESHEIM: Selbsthilfetreff Pfalz e.V.
Speyerer Straße 10, 67483 Edesheim
Tel.: 06323 / 989924

EDEWECHT/AMMERLAND: Regionale Beratungs-
und Kontaktstelle für Selbsthilfegruppen und
Gesundheitsförderung Ammerland des Paritätischen
Holljestraße 6, 26188 Edewecht/Ammerland
Tel.: 04405 / 4142

EISENHÜTTENSTADT: Selbsthilfe-Zentrale
Kastanienhof 3, 15890 Eisenhüttenstadt
Tel.: 03364 / 734266

EITORF: KISS Rhein-Sieg
Brückenstraße 25, 53783 Eitorf
Tel.: 02243 / 841450

ELLWANGEN: Kontakt- und Informationsstelle
für gesundheitliche Selbsthilfegruppen
im AOK-Gesundheitszentrum
Schloßvorstadt 1, 73479 Ellwangen
Tel.: 07961 / 90260

ERFURT: Kontakt- und Informationsstelle
für Selbsthilfegruppen Erfurt
Turniergasse 17, 99084 Erfurt
Tel.: 0361 / 6551715

ERKNER: KISS
Friedrichstraße 53a, 15537 Erkner
Tel.: 03362 / 500814

ESSEN: Kontakt- und Informationsstelle
für Selbsthilfe und Interessierte, Wiese e. V.

Pferdemarkt 5, 45127 Essen
Tel.: 0201 / 207676

ESSLINGEN: AOK Esslingen – Sozialer Dienst
Plochinger Straße 13, 73730 Esslingen
Tel.: 0711 / 9399266

FLENSBURG: Kontakte, Information, Beratung
im Selbsthilfebereich
Wrangelstraße 18, 24937 Flensburg
Tel.: 0461 / 5032618

FRANKENBERG / EDER: Verein zur Förderung
von Psychosozialer Beratung und Selbsthilfe,
Treffpunkt e. V.
Hainstraße 51, 35066 Frankenberg
Tel.: 06451 / 72430

FRANKFURT / MAIN: Selbsthilfe Kontaktstelle
Frankfurt und Servicestelle BürgerInnen-Beteiligung
Jahnstraße 49, 60318 Frankfurt/Main,
Tel.: 069 / 559444

FRANKFURT / ODER: Kontakt- und Beratungs
stelle für Selbsthilfegruppen,
Haus der Begegnung
Klabundsstraße 10, 15232 Frankfurt/Oder,
Tel.: 0335 / 545759

FREIBURG: Freiburger Selbsthilfebüro,
c/o Paritätische Dienste

Klosterplatz 2b, 79100 Freiburg
Tel.: 0761 / 7087515

FRIEDBERG: Wetteraukreis – Der Kreisausschuss –
Gesundheitsamt, Europaplatz, 61169 Friedberg
Tel.: 06031 / 83545

FRIEDRICHSHAFEN: Selbsthilfe-Koordination
Bodenseekreis, Landratsamt Bodenseekreis
Albrechtstraße 75, 88045 Friedrichshafen
Tel.: 07541 / 204838

FÜRSTENBERG / HAVEL: SEKIS
c/o Arbeitslosen-Service-Einrichtung
Bahnhofstraße 21, 16798 Fürstenberg / Havel
Tel.: 0330 93 / 38478

FÜRSTENWALDE: Fürstenwalder Informations-
und Kontaktstelle für Selbsthilfegruppen (F.I.K.S.) e. V.
Wilhelmstraße 47c, 15517 Fürstenwalde
Tel.: 03361 / 2796

GEESTHACHT: Kontakte, Information, Beratung
im Selbsthilfebereich
Geesthachter Straße 82, (beim ASB),
21502 Geesthacht
Tel.: 04152 / 72911

GELNHAUSEN: Selbsthilfe-Kontaktstelle – SEKOS
Bahnhofstraße 12, 63571 Gelnhausen
Tel.: 06051 / 4162

GELSENKIRCHEN: Kontakt- und Informations-
stelle für Selbsthilfegruppen,
Gesundheitshaus in Bismark
Franziskusstraße 18–24, 45889 Gelsenkirchen
Tel.: 0209 / 9882988

GENTHIEN: Selbsthilfekontaktstelle
»Aufbruch« e. V., c/o Aufbruch e. V.
Friedensstraße 5a, 39307 Genthien
Tel.: 03933 / 948720

GERA: Gesundheits- und Hygiene-Amt Gera –
Gesundheitsförderung
Selbsthilfegruppen-Kontaktstelle
Debschwitzer Straße 26, 07548 Gera
Tel.: 0365 / 7106265

GEVELSBERG: KISS, EN Süd,
Gesundheitshaus Gevelsberg
Hagener Straße 26a, 58285 Gevelsberg
Tel.: 02332 / 664029

GIESSEN: Kontaktstelle für Selbsthilfegruppen
Friedrichstraße 33, 35392 Gießen
Tel.: 0641 / 9945612

GLADBECK: Büro für freiwilliges Engagement
und Selbsthilfe, Wilhelmstraße 8, 45964 Gladbeck
Tel.: 02043 / 992080

GOSLAR: Kontakt- und Informationsstelle für
Selbsthilfe – KISS Goslar – der AWO
Bäringerstraße 24/25, 38640 Goslar
Tel.: 05321 / 341920

GOTHA: Selbsthilfe-Kontakt- und Informationsstelle (SKIS), Landratsamt/Sozialamt
18. Märzstraße 50, 99867 Gotha
Tel.: 03621 / 214136

GÖTTINGEN: Gesundheitszentrum –
Projekt Gesundheitsförderung –
Kontakt-, Informations- und Beratungsstelle
im Selbsthilfebereich – KIBIS Göttingen
Albinikirchhof 4–5, 37073 Göttingen
Tel.: 0551 / 486766

GREIFSWALD: FOKUS-Selbsthilfekontaktstelle,
c/o Kinder- und Jugendzentrum e. V.
Hans-Beimler-Straße 63–65–67, 17489 Greifswald
Tel.: 03834 / 796140

GREIZ: Kontakt- und Informationsstelle für Selbst-
hilfegruppen, KISS am Gesundheitsamt Greiz
Rathenauplatz 11, 07973 Greiz
Tel.: 03661 / 876543

GREVENBROICH: Kreisverwaltung Neuss –
Gesundheitsamt, Dienststelle Grevenbroich
Auf der Schanze 1, 41515 Grevebroich
Tel.: 02181 / 6015327

GUBEN: Selbsthilfe-Kontakt- und Informations-
zentrum, SEKITZ Spree-Neiße, DRK KV Guben e. V.
Kaltenborgerstraße 96, 03172 Guben
Tel.: 03561 / 6281115

GÜSTROW: Kontakt- und Informationsstelle
für Selbsthilfegruppen – KISS Teterow
Domplatz 13, 18273 Güstrow
Tel.: 03843 / 686487

GÜTERSLOH: Bürgerinformation Gesundheit
und Selbsthilfekontaktstelle (BIGS)
Blessenstätte 1, 33330 Gütersloh
Tel.: 05241 / 823586

HAGENOW: Kontakt-, Informations- und
Beratungsstelle im Selbsthilfebereich –
KIBIS im DRK
Bahnhofstraße 61, 19230 Hagenow
Tel.: 03883 / 618939

HALLE: DPWV Regionalstelle-Süd,
Kontaktstelle für Selbsthilfegruppen
Merseburgerstraße 246, 06130 Halle
Tel.: 0345 / 5204110

HALTERN: Psychologisches Beratungszentrum
Haltern, Kontaktstelle für Selbsthilfegruppen
Kirchgasse 1, 45721 Haltern
Tel.: 02364 / 13200

HAMBURG: Kontakt- und Informationsstelle
für Selbsthilfegruppen – KISS Altona
Gaußstraße 21, 22765 Hamburg
Tel.: 040 / 395767

HAMELN: Kontaktstelle für Selbsthilfe
im Paritätischen Sozialzentrum
Kaiserstraße 80, 31785 Hameln
Tel.: 05151 / 576113

HAMM: Selbsthilfe-Kontakstelle
Neue Bahnhofstraße 5, 59065 Hamm
Tel.: 02381 / 12028

HANAU: Selbsthilfekontaktstelle Hanau (SEKOS)
Breslauerstraße 19, 63452 Hanau
Tel.: 06181 / 255500

HANNOVER: Kontakt-, Informations- und
Beratungsstelle im Selbsthilfebereich, KISS & KIBIS,
Der Paritätische
Gartenstraße 18, 30161 Hannover
Tel.: 0511 / 666567

HAßFURT: Landratsamt Hassberge –
Kontaktstelle für Selbsthilfegruppen (KOS)
Am Herrenhof 1, 97437 Haßfurt
Tel.: 09521 / 27313

HATTINGEN: Kontakt- und Informationsstelle
für Selbsthilfe Hattingen, c/o Haus der Kirche

Kirchplatz 19, 45525 Hattingen
Tel.: 02324 / 954979

HECHINGEN: AOK Zollernalb
Neustraße 2, 72379 Hechingen
Tel.: 07471 / 180037

HEIDE: Zentrale Kontaktstelle für Selbsthilfe-
gruppen im DRK Kreisverband Dithmarschen
Hamburger Straße 73, 25746 Heide
Tel.: 0481 / 90224

HEIDELBERG: Heidelberger Selbsthilfebüro
Alte Eppelheimer Straße 38, 69115 Heidelberg
Tel.: 06221 / 184290

HEILBRONN: AOK Heilbronn
Information und Gesundheit, Sozialdienst
Allee 72, 74072 Heilbronn
Tel.: 07131 / 639374

HEINSBERG: Selbsthilfe- und Freiwilligenzentrum
im Kreis Heinzberg
Hochstraße 24, 52525 Heinsberg
Tel.: 02452 / 156790

HENSTEDT-ULZBURG: Zentrale Kontaktstelle
für Selbsthilfegruppen im DRK
Schulstraße 5, 24558 Henstedt-Ulzburg
Tel.: 04193 / 966284

HEPPENHEIM: Selbsthilfekontaktstelle
für den Kreis Bergstraße
Bensheimer Weg 16, 64646 Heppenheim
Tel.: 06252 / 990130

HERNE: Bürgerselbsthilfezentrum (BÜZ)
c/o Gesundheitsamt, Rathaustraße 6, 44649 Herne
Tel.: 02323 / 163636

HILDBURGHAUSEN: Kontaktstelle
für Selbsthilfegruppen im Gesundheitsamt
Wiesenstraße 18, 98646 Hilburghausen
Tel.: 03685 / 445415

HILDESHEIM: Kontakt-, Informations-
und Beratungsstelle im Selbsthilfebereich
Lilly-Reichstraße 5 ,31137 Hildesheim
Tel.: 05121 / 741616

HOF: Hofer Selbsthilfebüro WIR e. V.
Klostertor 2, 95028 Hof
Tel.: 09281 / 837110

HÖXTER: Arbeitsgemeinschaft der Selbsthilfe
c/o Der Paritätische
Neue Straße 15, 37671 Höxter
Tel.: 05271 / 36478

HOYERSWERDA: Selbsthilfezentrum Hoyerswerda
beim Diakonischen Werk des Kirchenkreises
Hoyerswerda, Haus Bethseda

Schulstraße 5, 02977 Hoyerswerda
Tel.: 03571 / 408365

HUSUM: KIBIS Nordfriesland
Schiffbrücke 12, 25813 Husum
Tel.: 04841 / 800777

INGOLSTADT: AOK Bayern –
Die Gesundheitskasse
Harderstraße 43, 85049 Ingolstadt
Tel.: 0841 / 9349142

ITZEHOE: Selbsthilfekontaktstelle KIBIS
Viktoriastraße 14, 1. OG, 25524 Itzehoe
Tel.: 04821 / 600133

JENA: Informations- und Kontaktstelle
für Selbsthilfegruppen – IKOS Jena
Rathenaustraße 10, 07745 Jena
Tel.: 03641 / 615360

JEVER: KISS Friesland
im Paritätischen Sozialzentrum Friesland
Mühlenstraße 20, 26441 Jever
Tel.: 04461 / 930222

JÜLICH: Selbsthilfezentrum Düren,
c/o Freiwilligenzentrum Jülich
Stiftsherrenstraße 9, 52428 Jülich
Tel.: 02461 / 981001

JÜTERBOG: REKIS Fläming – Nachbarschaftsheim
Jüterbog e. V., Am Dammtor 6, 14913 Jüterbog
Tel.: 03372 / 441146

KARLSRUHE: Selbsthilfebüro im Hardtwaldzentrum
c/o Der Paritätische, Kanalweg 40/42, 76149 Karlsruhe
Tel.: 0721 / 9123025

KARLSTADT: Begegnungsstätte der BRK
Johann-Schöner-Straße 63, 97753 Karlstadt
Tel.: 09353 / 981786

KASSEL: Kontakt- und Informationsstelle für Selbst-
hilfegruppen am Gesundheitsamt – KISS Kassel
Wilhelmshöher Allee 32a, 34117 Kassel
Tel.: 0561 / 7875399

KIEL: Kontakte, Informationen und Beratung
im Selbsthilfebereich – KIBIS Kiel
Königsweg 9, 24103 Kiel
Tel.: 0431 / 672727

KIRCHHEIM UNTER TECK: AOK
Nürtingen-Kirchheim
Schöllkopfstraße 61, 73230 Kirchheim unter Teck
Tel.: 07021 / 721380

KOBLENZ: Koordinations- und Beratungsstelle
für Selbsthilfegruppen im Gesundheitsamt Koblenz
Neversstraße 4–6, 56068 Koblenz
Tel.: 0261 / 391241

KÖLN: Kontakt- u. Informationsstelle
für Selbsthilfe in Köln
Marsilstein 4–6, 50676 Köln
Tel.: 0221 / 95154216

KÖNIGS WUSTERHAUSEN: Regionale Kontakt-
und Informationsstelle für Selbsthilfe
Brückenstraße 41, 15711 Königs Wusterhausen
Tel.: 03375 / 262688

KONSTANZ: Landkreis Konstanz – Gesundheitsamt
Benediktinerplatz 1, 78467 Konstanz
Tel.: 07531 / 800787

KREFELD: Selbsthilfe-Kontaktstelle Krefeld
Mühlenstraße 42, 47798 Krefeld
Tel.: 02151 / 9619025

Landshut: AOK Bayern
Luipoldstraße 28, 84034 Landshut
Tel.: 0871 / 695107

LAUCHHAMMER: Regionale Kontaktstelle für
Selbsthilfe- und Interessengruppen (REKOSI)
Weinbergstraße 15, 01979 Lauchhammer
Tel.: 03574 / 464164

LEVERKUSEN: KISS Leverkusen
Goetheplatz 4, 51379 Leverkusen
Tel.: 02171 / 949495

LIMBURG: Kontakt- und Informationsstelle
Gesundheits- und Umweltamt
Schiede 43, 65549 Limburg
Tel.: 06431 / 296339

LÖRRACH: Landratsamt Lörrach, Dezernat VI
Gesundheitsamt
Palmstraße 3 , 79539 Lörrach
Tel.: 07621 / 410533

LÜBBEN: REKIS Dahm-Spreewald
c/o Freizeitjugendring »Die Insel«
Wassergasse 3, 15907 Lübben
Tel.: 03546 / 183331

LUDWIGSBURG: AOK Bezirksdirektion
Ludwigsburg-Bietigheim – Sozialer Dienst
Gottlob-Molt-Straße 1, 71636 Ludwigsburg
Tel.: 07141 / 136271

LUDWIGSHAFEN: Stadt Ludwigshafen am Rhein
Fachbereich Soziales
Psychologische Arbeitsgemeinschaft
Europlatz 1, 67063 Ludwigshafen
Tel.: 0621 / 5042740

LUDWIGSLUST: Kontakt-, Informations- und
Beratungsstelle für Selbsthilfegruppen
Bahnhofstr. 6, 19288 Ludwigslust
Tel.: 03874 / 326110

LÜBECK: Kontakt- und Informationsstelle
für Selbsthilfegruppen im Gesundheitsamt
Sophienstraße 2–8, 23560 Lübeck
Tel.: 0451 / 1225377

LÜDENSCHEID: KISS Lüdenscheid
Freiherr-vom-Stein-Straße 20, 58511 Lüdenscheid
Tel.: 02351 / 390526

LÜNEBURG: Kontakt, Information, Beratung
im Selbsthilfebereich
Altenbrücker Damm 1, 21337 Lüneburg
Tel.: 04131 / 861820

LÜNEN: Kontakt- und Informationsstelle für Selbst-
hilfegruppen im Gesundheitshaus des Kreises Unna
Roggenmarkt 18–20, 44532 Lünen
Tel.: 02306 / 100572

LUTHERSTADT WITTENBERG: Stadtverwaltung
Lutherstadt Wittenberg
Lutherstraße 57, 06886 Lutherstadt Wittenberg
Tel.: 03491 / 421239

MAGDEBURG: KOBES Magdeburg
Breiter Weg 251, 39104 Magdeburg
Tel.: 0391 / 6208320

MAINZ: Kontakt- und Informationsstelle
für Selbsthilfegruppen

Am Rathaus 1, 55116 Mainz
Tel.: 06131 / 210772

MANNHEIM: Gesundheitstreffpunkt
Mannheim e. V.
Alphornstraße 2a, 68169 Mannheim
Tel.: 0621 / 3391818

MARBURG: Kontakt- und Beratungsstelle
der Bürgerinitiative Sozialpsychiatrie e. V.
Biegenstraße 7, 35037 Marburg
Tel.: 06421 / 1769934

MEININGEN: Selbsthilfegruppen-Kontaktstelle
im Gesundheitsamt
Obertshäuser Platz 1, 98617 Meiningen
Tel.: 03693 / 485442

MEPPEN: Kontakt- u. Beratungsstelle für Selbsthilfe /
Emsland (KoBS) im Paritätischen Sozialzentrum
Lingenerstraße13, 49716 Meppen
Tel.: 05931 / 14000

METTMANN: Selbsthilfekontaktstelle
im Gesundheitsamt des Kreises Mettmann
Düsseldorferstraße 47, 40822 Mettmann
Tel.: 02104 / 992320

METZINGEN: AOK Bad Urach-Müsingen
Kronenstraße 6, 72555 Metzingen
Tel.: 07125 / 1502700

MILTENBERG: Landratsamt Miltenberg –
Gesundheitsamt
Brückenstraße 2, 63897 Miltenberg
Tel.: 09371 / 501507

MINDEN: Selbsthilfe-Kontaktstelle
Minden-Lübbecke
Simeonstraße 19, 32423 Minden
Tel.: 0571/ 8280217

MOERS: Kontaktstelle für Selbsthilfegruppen im
Kreis Wesel, c/o DER PARITÄTISCHE
Homberger Straße 75, 47441 Moers
Tel.: 02841 / 9000

MÖLLN: KIBIS Mölln
Wasserkrüger Weg 55, 23879 Mölln
Tel.: 04542 / 822822

MÖNCHENGLADBACH: Informationsstelle
für Selbsthilfe im DPWV
Friedhofstraße 39, 41236 Mönchengladbach
Tel.: 02166 / 923930

MÜHLDORF / INN: Haus der Begegnung –
Familienzentrum
Auf der Wiese 18, 84453 Mühldorf/Inn
Tel.: 08631 / 4099

MÜHLHAUSEN: Kontaktstelle für Selbsthilfegruppen
Landratsamt Unstrut-Hainich-Kreis

Brunnenstraße 97, 99974 Mühlhausen
Tel.: 03601 / 802362

MÜLHEIM / RUHR: Informationsstelle
für Selbsthilfegruppen im PARITÄTISCHEN
Teinerstraße 16, 45468 Mülheim/Ruhr
Tel.: 0208 / 300480

MÜNCHEN: Selbsthilfezentrum München
Bayerstraße 77a Rgb., 80335 München
Tel.: 089 / 53295611

MÜNSINGEN: AOK Bad Urach-Münsingen
Alte Schloßstraße 4, 72525 Münsingen
Tel.: 07125 / 1502710

MÜNSTER: Münsteraner Informations- und
Kontaktstelle für Selbsthilfe – MIKS
c/o Gesundheitshaus, Gasselstiege 13, 48159 Münster
Tel.: 0251 / 511263

NEUBRANDENBURG: DRK –
Selbsthilfekontaktstelle
Robert-Blum-Straße 32, 17033 Neubrandenburg
Tel.: 0395 / 5603955

NEUMARKT/OPF.: Kontakt- und Informationsstelle
für Selbsthilfegruppen in Stadt und Landkreis
Neumarkt, Gesundheitsamt Neumarkt
Dr.-Grundler-Straße 1, 92318 Neumarkt/Opf.
Tel.: 09181 / 470506

NEUMÜNSTER: Zentrale Kontaktstelle
für Selbsthilfegruppen im DRK
Schützenstraße 14–16, 24534 Neumünster
Tel.: 04321 / 419119

NEUSTADT a. d. AISCH: Caritasverband
für den Landkreis Neustadt an der Aisch
Ansbacher Straße 6, 91413 Neustadt a. d. Aisch
Tel.: 09161 / 888915

NEUSTRELITZ: Selbsthilfe-Kontaktstelle
des Familienzentrums Neustrelitz e. V.
Useriner Straße 3, 17235 Neustrelitz
Tel.: 03981 / 203862

NEUWIED: NEKIS
Heddesdorfer Straße 25, 56564 Neuwied
Tel.: 02361 / 343695

NIENBURG: Kontakt- und Beratungsstelle
für Selbsthilfegruppen des PARITÄTISCHEN
Stettiner Straße 2a, 31582 Nienburg
Tel.: 05021 / 914866

NORDEN: KISS
Osterstraße 38, 26506 Norden, Nidersachsen
Tel.: 04931 / 14500

NORDHORN: Gesundheitsamt des Landkreises
der Grafschaft Bentheim

Am Bölt 27, 48527 Nordhorn, Niedersachsen
Tel.: 05921 / 961867

NÜRNBERG: Regionalzentrum
für Selbsthilfegruppen Mittelfranken e.V.
Frauentorgraben 69, 90443 Nürnberg
Tel.: 0911 / 2349449

NÜRTINGEN: Nürtinger Selbsthilfekontaktstelle
im Bürgertreff am Rathaus
Marktstraße 7, 72622 Nürtingen
Tel.: 07022 / 75366

OBERHAUSEN: SelbsthilfeKontaktstelle –
Netzwerk Selbsthilfe – Parität Oberhausen
Altmarkt 1, 46045 Oberhausen
Tel.: 0208 / 3019620

OFFENBACH: Paritätischer Wohlfahrtsverband
Kreisgruppe Offenbach/Main –
SELBSTHILFEBÜRO
Frankfurter Straße 48, 63065 Offenbach/Main
Tel.: 069 / 824162 und 8002283

OFFENBURG: Kontaktstelle für Selbsthilfegruppen
im Landratsamt Ortenaukreis
Badstraße 20, 77652 Offenburg
Tel.: 0781 / 805771

OLDENBURG: Beratungs- und Koordidationsstelle
für Selbsthilfegruppen e. V. – BeKoS

Lindenstraße 12a, 26123 Oldenburg
Tel.: 0441 / 884848

ORANIENBURG: Selbsthilfe-Kontakt-
und Informationsstelle Oberhavel des Märkischen
Sozialvereins – SEKIS
Liebigstraße 4, 16515 Oranienburg
Tel.: 03301 / 537160

OSNABRÜCK: Gesundheitszentrum Osnabrück –
Kontaktstelle für Selbsthilfegruppen
Meller Straße 80, 49082 Osnabrück
Tel.: 0541 / 587698

OSTERODE: AOK Osterode am Harz
Berliner Straße 2, 37520 Osterode am Harz
Tel.: 05522 / 500366615

PADERBORN: Selbsthilfe-Kontaktstelle Paderborn
Rathenaustraße 28, 33102 Paderborn
Tel.: 05251 / 8782960

PAPENBURG: AOK Regionaldirektion Papenburg
Postfach 11 61, 26871 Papenburg
Tel.: 04961 / 92367615

PEINE: Kontakt- und Informationsstelle
für Selbsthilfe (KISS) im Paritätischen
Beethovenstraße 15, 31224 Peine
Tel.: 05171 / 777020

PETERSHAGEN: Regionale Kontakt-
und Informationsstelle für Selbsthilfegruppen –
Region Strausberg
Eggersdorfer Straße 19, 15370 Petershagen
Tel.: 033439 / 82761

PFARRKIRCHEN: AOK Bayern – Direktion
Rottal-Inn-Sozialdienst,
Schäfflerstraße 16, 84347 Pfarrkirchen
Tel.: 08561 / 23159

PFORZHEIM: Landratsamt Enzkreis –
Gesundheitsamt – KISS
Bahnhofstraße 28, 75172 Pforzheim
Tel.: 07231 / 308743

PIRNA: Kontakt- und Informationsbüro
für Selbsthilfe
Schillerstraße 35, 01796 Pirna
Tel.: 03501 / 446239

PLÖN: Zentrale Kontaktstelle
für Selbsthilfegruppen im DRK
Rodomstorstraße 103, 24306 Plön
Tel.: 04522 / 7479163

POTSDAM: Potsdamer Informations-
und Kontaktstelle für Selbsthilfe (PIKS)
Hermann-Elflein-Straße 11, 14467 Potsdam
Tel.: 0331 / 6200280

PRENZLAU: REKIS Uckermark –
Arbeiterwohlfahrt, Kreisverband Uckermark e. V.
Klosterstraße 14c, 17291 Prenzlau
Tel.: 03984 / 865863

PRITZWALK: REKIS Prignitz – Arbeiterwohlfahrt
Lindengang 14, 16928 Pritzwalk
Tel.: 03395 / 700972

RASTATT: Gesundheitsamt Rastatt
Engelstraße 39, 76437 Rastatt
Tel.: 07222 / 38123 11

RATHENOW: Soziale Regiestelle Havelland
Forststraße 19, 14712 Rathenow
Tel.: 03385 / 519596

RAVENSBURG: AOK Bezirksdirektion
Allgäu-Oberschwaben, Sozialer Dienst
Welfenstraße 2, 88212 Ravensburg
Tel.: 0751 / 371137

RECKLINGHAUSEN: Netzwerk
Ehrenamt und Selbsthilfe
Halterner Straße 6, 45657 Recklinghausen
Tel.: 02361 / 109735

REGENSBURG: Kontakt- und Informationsstelle
für Selbsthilfegruppen – KISS
D.-Martin-Luther-Straße 14, 93047 Regensburg
Tel.: 0941 / 52822

RELLINGEN: Zentrale Kontaktstelle
für Selbsthilfegruppen im DRK
Oberer Ehmschen 53, 25462 Rellingen
Tel.: 04101 / 5003490

RENDSBURG: Kontakte, Information und Beratung
im Selbsthilfebereich – KIBIS
Am Stadtsee 9, 24768 Rendsburg
Tel.: 04331 / 132336

REUTLINGEN: AOK – Die Gesundheitskasse
Reutlingen – Sozialer Dienst
Konrad-Adenauer-Straße 23, 72762 Reutlingen
Tel.: 07121 / 209298

ROSTOCK: Selbsthilfe-Kontaktstelle
im Netzwerk e.V.
Goerdelerstraße 50, 18069 Rostock
Tel.: 0381 / 4904925

RUDOLSTADT: Kontaktstelle
für Selbsthilfegruppen – Landratsamt Saalfeld –
Rudolstadt, Gesundheitsamt
Keilhauer Straße 27, 07407 Rudolstadt
Tel.: 03672 / 423345

SAALFELD: Kontaktstelle für Selbsthilfegruppen –
Landratsamt Saalfeld – Rudolstadt, Gesundheitsamt
Rainweg 81, 07318 Saalfeld
Tel.: 03671 / 823670

SAARBRÜCKEN: Kontakt- und Informationsstelle
für Selbsthilfe im Saarland – KISS
Kaiserstraße 10, 66111 Saarbrücken
Tel.: 0681 / 375738

SALZWEDEL: Kontaktstelle für Selbsthilfegruppen
– Behinderten- und Rehabilitationsverein Salzwedel e. V.
Karl-Marx-Straße 15, 29410 Salzwedel
Tel.: 03901 / 302495

SANGERHAUSEN: Kontaktstelle für Selbsthilfe-
gruppen, Kreisverwaltung Sangerhausen
Rudolf-Breitscheid-Straße 20–22, 06526 Sangerhausen
Tel.: 03464 / 535535

SCHLESWIG: Kontakte, Information, Beratung
im Selbsthilfebereich – KIBIS
Lollfuß 48, 24837 Schleswig
Tel.: 04621 / 27748

SCHWÄBISCH GMÜND: AOK
Schwäbisch Gmünd
Pfeifergässle 21, 73525 Schwäbisch Gmünd
Tel.: 07171 / 601157

SCHWEINFURT: Volkshochschule
der Stadt Schweinfurt
Friedrich-Rückert-Bau
Martin-Luther-Platz 20, 97421 Schweinfurt
Tel.: 09721 / 51620

SCHWERIN: Kontakt-, Informations-
und Beratungsstelle für Selbsthilfegruppen e. V.
Anne-Frank-Straße 31, 19061 Schwerin
Tel.: 0385 / 3924333

SCHWERTE: Kontakt- und Informationsstelle
für Selbsthilfegruppen (KISS) des Kreises Unna
im Gesundheitsamt Schwerte
Kleppingstraße 4, 58239 Schwerte
Tel.: 02304 / 2407022

SIEGEN: Kontakt- und Informationsstelle
des Kirchenkreises Siegen – KISS
Burgstraße 23, 57072 Siegen
Tel.: 0271 / 2502850

SIGMARINGEN: AOK Sigmaringen –
Sozialer Dienst
In der Au 5, 72488 Sigmaringen
Tel.: 07571 / 105129

SINDELFINGEN: AOK für den Kreis Böblingen –
Sozialer Dienst
Riedmühlestraße 1, 71063 Sindelfingen
Tel.: 07031 / 617263

SOEST: Kontakt- und Informationsstelle
für Selbsthilfegruppen (KISS)
Hoher Weg 1–3, 59494 Soest
Tel.: 02921 / 302162

SÖMMERDA: Landratsamt Sömmerda –
Gesundheitsamt, Behindertenfürsorge
Wielandstraße 4, 99610 Sömmerda
Tel.: 03634 / 354762

SONDERSHAUSEN: Gesundheitsamt Kyffhäuserkreis – Informations- und Kontaktstelle
für Selbsthilfegruppen – IKOS
Edmund-König-Straße 7, 99706 Sondershausen
Tel.: 03632 / 741497

SONNEBERG: Kontakt- und Informationsstelle
für Selbsthilfegruppen – Gesundheitsamt Sonneberg
Bahnhofstraße 66, 96515 Sonneberg
Tel.: 03675 / 871453 und 871247

SPROCKHÖVEL: Kontakt- und Informationsstelle
für Selbsthilfe Hattingen und Sprockhövel
Bochumer Straße 31, 45549 Sprockhövel
Tel.: 02324 / 954979

STADE: KIBIS im Paritätischen – Kontakt,
Information und Beratung im Selbsthilfebereich
Beim St. Johanniskloster 11, 21682 Stade
Tel.: 04141 / 3856

STADTALLENDORF: Verein für Therapie
und Beratung e.V.
Teichwiesenstraße 1, 35260 Stadtallendorf
Tel.: 06428 / 449640

STADTHAGEN: Interessenvertretung
der Selbsthilfegruppen im Landkreis Schaumburg e. V.
– Selbsthilfe Kontaktstelle
Probsthäger Straße 6, 31655 Stadthagen
Tel.: 05721 / 975840

STADTRODA: Gesundheitsamt –
Selbsthilfekontaktstelle
Kirchweg 18, 07646 Stadtroda
Tel.: 036691 / 70833

STAHNSDORF: Kontakt- und Informationsstelle
für Selbsthilfegruppen (KISS)
Annastraße 3, 14532 Stahnsdorf
Tel.: 03329 / 612325

STEINFURT: Netzwerk Selbsthilfe und Ehrenamt
Münsterstraße 52, 48565 Steinsfurt
Tel.: 02552 / 638030

STENDAL: Kontaktstelle für Selbsthilfegruppen
Osterburger Straße 4, 39576 Stendal
Tel.: 03931 / 684790

STRALSUND: Kontakt- und Informationsstelle für
Selbsthilfegruppen – KISS
Mönchstraße 17, 18439 Stralsund
Tel.: 03831 / 292645

STUHR: Release e. V.
Bahnhofstraße 29, 28816 Stuhr
Tel.: 0421 / 893233

STUTTGART: Kontaktstelle und Informationsstelle
für Selbsthilfegruppen e. V. – KISS
Marienstraße 9, 70178 Stuttgart
Tel.: 0711 / 6406117

SUHL: Beratungsstelle zur Selbsthilfe & Gesund-
heitsförderung – BESEG – Stadtverwaltung Suhl
Auenstraße 32, 98529 Suhl
Tel.: 03681 / 723006

SYKE: AOK Syke
Nordstraße 3, 28857 Syke
Tel.: 04242 / 59172615

SYKE: RELEASE e. V.
c/o »Haus der Hilfe«
Bremer Weg 2, 28857 Syke
Tel.: 04242 / 60433

TAUBERBISCHOFSHEIM: AOK, Sozialer Dienst
Wolfstalflurstraße 10, 97941 Tauberbischofsheim
Tel.: 09341 / 940227

TETEROW: Kontakt- und Informationsstelle
für Selbsthilfegruppen – KISS Teterow
Predigerstraße 2, 17166 Teterow
Tel.: 03996 / 172268

TRAUNSTEIN: AWO – Selbsthilfekontaktstelle
Güterhallenstraße 2, 83278 Traunstein
Tel.: 0861 / 16169

TRIER: Selbsthilfe Kontakt- und Informations-
stelle e. V. – SEKIS
Franz-Georg-Straße 36, 54292 Trier
Tel.: 0651 / 141180

TROISDORF: Kontakt- und Informationsstelle
für Selbsthilfe Rhein-Sieg
Landgrafenstraße 1, 53842 Troisdorf
Tel.: 02241 / 949999

TÜBINGEN: Sozialforum Tübingen e. V. – Kontakt-
und Informationszentrum für Selbsthilfe- und
Helfergruppen im Sozial- und Gesundheitsbereich
Lorettoplatz 30, 72072 Tübingen
Tel.: 07071 / 38363

ULM: Koordinationsstelle Regionales Netzwerk,
Selbsthilfebüro, c/o Universitätsklinikum
Schillerstraße 15, 89077 Ulm
Tel.: 0731 / 50021760

UNNA: Kontakt- und Informationsstelle für Selbst-
hilfegruppen des Kreises Unna im Gesundheishaus
Massener Straße 35, 59493 Lünen
Tel.: 02303 / 272829

VAREL / LANGENDAMM: Kontakt- und
Informationsstelle für Selbsthilfe
im Paritätischen Sozialzentrum Friesland
Zum Jadebusen 12, 26316 Varel/Langendamm
Tel.: 04451 / 914646

VECHTA-LANGFÖRDEN: Kontakt – Information
– Beratung im Selbsthilfebereich
c/o Aphasie-Zentrum
Josef-Bergmann-Straße 1, 49377 Vechta-Langförden
Tel.: 04447 / 970121

VIERNHEIM: KISS, c/o KuBuS
Kreuzstraße 2–4, 68519 Viernheim
Tel.: 06204 / 963670

VILLINGEN-SCHWENNINGEN:
Selbsthilfekontaktstelle
c/o Landratsamt / Gesundheitsamt
Schwenningerstraße 2, 78048 Villingen-Schwenningen
Tel.: 07721 / 913165

WALDSHUT-TIENGEN: AOK Waldshut –
Sozialer Dienst
Am Rheinfels 2, 79761 Waldshut-Tiengen
Tel.: 07751 / 878154

WALSRODE: Kontaktstelle für Selbsthilfegruppen
Kirchplatz 8, 29664 Walsrode
Tel.: 05161 / 8010

WESEL: Kontaktstelle für Selbsthilfegruppen im Kreis Wesel, c/o Integrationsfachdienst (IFD) Augustastraße 12, 46483 Wesel
Tel.: 02841 / 9000

WESTERBURG: Westerwälder Kontakt- und Informationsstelle für Selbsthilfe – WeKISS Neustraße 34, 56457 Westerburg
Tel.: 02663 / 2540

WETZLAR: Kontaktstelle für Selbsthilfegruppen im Caritasverband
Goethestraße 13, 35578 Wetzlar
Tel.: 06441 / 90260

WEYHE: RELEASE e.V.
Leester Straße 95, 28844 Weyhe
Tel.: 0421 / 895050

WIESBADEN: Stadtverwaltung Wiesbaden – Gesundheitsamt
Dotzheimer Straße 38–40, 65185 Wiesbaden
Tel.: 0611 / 313777

WINSEN / LUHE: Zentrale Informationsstelle Selbsthilfe (ZIS) im Landkreis Haburg
c/o Caritasverband
Elsternweg 1, 21423 Winsen / Luhe
Tel.: 04171 / 653122

WISMAR: Kontakt- und Informationsstelle
für Selbsthilfegruppen
Hinter dem Rathaus 15, 23966 Wismar
Tel.: 03841 / 2515334

WITTEN: Kontakt- und Informationsstelle
für Selbsthilfegruppen
Dortmunder Straße 13, 58455 Witten
Tel.: 02302 / 1559

WITTMUND: AOK, Kontakt- und Informations-
stelle für Selbsthilfegruppen
Kurt-Schwitters-Platz 2, 26409 Wittmund
Tel.: 04462 / 942536

WOLFENBÜTTEL: Kontakt- und Informations-
und Beratungsstelle für Selbsthilfe
im Paritätischen Wolfenbüttel
Kommißstraße 5, 38300 Wolfenbüttel
Tel.: 05331 / 920060

WOLFSBURG: KISS im Paritätischen Sozialzentrum
Saarstraße 10a, 38440 Wolfsburg
Tel.: 05361 / 295050

WORBIS: KISS, Landkreis Eisfeld, Gesundheitsamt
Friedensplatz 1, 37339 Worbis
Tel.: 036074 / 65732

WORMS: Informations- und Kontaktstelle
für Mitarbeit und Selbsthilfe – IKOS

Ludwigstraße 31, 67547 Worms
Tel.: 06241 / 8535017

WUNSIEDEL: AOK Bayern, Direktion Wunsiedel,
Informations- und Kontaktstelle
für Selbsthilfegruppen
Egerstraße 47, 95632 Wunsiedel
Tel.: 09232 / 603150

WUPPERTAL: Stadtverwaltung Wuppertal
Ressort Jugendamt und Soziale Dienste
Neumarkt 10, 42103 Wuppertal
Tel.: 0202 / 5632592

WÜRZBURG: Selbsthilfebüro der Stadt Würzburg
Karmelitenstraße 43, 97070 Würzburg
Tel.: 0931 / 373706

ZEHDENICK: SEKIS Oberhavel
des Märkischen Sozialvereins e. V.
Berliner Straße 35, 16792 Zehdenick
Tel.: 03307 / 310169

ZERBST: Selbsthilfe Kontakt- und Beratungsstelle
des Paritätischen Wohlfahrtsverbandes
Puschkinpromenade 10, 39261 Zerbst
Tel.: 03923 / 3561

ZEULENRODA: KISS
am Gesundheitsamt Zeulenroda

Goethestraße 17, 07937 Zeulenroda
Tel.: 036628 / 47301

ZWICKAU: Kontakt- und Informationsstelle
für Selbsthilfegruppen – KISS
Werdauer Straße 62 (Haus 4), 08056 Zwickau
Tel.: 0375 / 835333

ÖSTERREICH

DORNBIRN: Club Antenne –
Arbeitsgemeinschaft für psychosoziale Selbsthilfe
Moosmahdstraße 4, 6850 Dornbirn
Tel.: 0 55 72 / 26374

GRAZ: SBZ – Verein Sozial- und Begegnungszentren
– Kontaktstelle für Selbsthilfegruppen Graz
Maiffredygasse 4, 8010 Graz
Tel.: 0 316 / 382131

GRAZ: Styria vitalis
Marburger Kai 51/II, 8010 Graz
Tel.: 0316 / 82 20 9416

INNSBRUCK: Selbsthilfe Tirol – Dachverband der
Selbsthilfegruppen und -vereine
im Gesundheitsbereich
Innran 43 (Parterre), 6020 Innsbruck
Tel.: 0 512 / 577198

KLAGENFURT: Selbsthilfe Kärnten –
Dachverband für Selbsthilfeorganisationen
im Sozial- und Gesundheitsbereich
Behindertenverbände bzw. -organisationen
Kempfstraße 23, 3. Stock, Postfach 408
9021 Klagenfurt
Tel.: 0 463 / 504871

LIENZ: Selbsthilfe Tirol – Zweigstelle Osttirol
Egger-Lienz-Platz 13, 9900 Lienz
Tel.: 0664 / 65093

LINZ: Dachverband der Oberösterreichischen
Selbsthilfegruppen im Gesundheitsbereich
Gruberstraße 77, 4020 Linz
Tel.: 0 732 / 797666

SALZBURG: Dachverband der Selbsthilfegruppen
und Betreuungsinitiativen im Gesundheits- und
Sozialbereich in Stadt und Land Salzburg
Faberstraße 19–23, SGKK, 5. Stock, Zi. 520
5024 Salzburg
Tel: 0 662 / 88 89258

ST. PÖLTEN: Kontaktstelle für Selbsthilfegruppen
im Bereich der Landeshauptstadt St. Pölten
Sozial medizinischer Dienst der Gesundheits-
verwaltung, Magistrat St. Pölten
Linzer Straße 10–12, 3100 St. Pölten
Tel.: 0 27 42 / 3332518

ST. PÖLTEN: Selbsthilfe Niederösterreich –
Dachverband der Niederösterreichischen
Selbsthilfevereine und -gruppen im
Sozial- und Gesundheitsbereich
Landhausboulevard, Haus 4, Postfach 6
3100 St. Pölten
Telefon: 02742 / 22644

WELS: Dienststelle Sozialberatung
des Magistrates der Stadt Wels
Kontaktstelle für Selbsthilfegruppen
Quergasse 1, 4600 Wels
Tel.: 07242 / 235796

WIEN: Magistrat der Stadt Wien –
Servicestelle für Selbsthilfegruppen Wien
Schiffamtsstraße 14, 1020 Wien
Tel.: 01 / 5311481515

WIEN: Kuratorium: Martha Frühwirt
Zentrum für Selbsthilfegruppen
Obere Augartenstraße 26–28, 1020 Wien
Tel.: 01 / 3302215

SCHWEIZ / LIECHTENSTEIN

BADEN: Selbsthilfezentrum Aargau
Rütistraße 3A, 5400 Baden
Tel.: 056 / 2030020

BASEL: Selbsthilfezentrum HINTERHUUS
Feldbergstraße 55, 4057 Basel
Tel.: 061 / 6928100

GOLDAU: Kontaktstelle Selbsthilfe
c/o Sozialpsychiatrischer Dienst
Rigistraße 11, 6410 Goldau
Tel.: 041 / 8591717

LAUSANNE: ACTION BENEVOLE
Maupas 49, 1004 Lausanne
Tel.: 021 / 6462196

LUZERN: Benevol – Kontaktstelle
für Freiwilligenarbeit und Selbsthilfe
Bundesplatz 12, 6003 Luzern
Tel.: 0412110230

OLTEN: Kontaktstelle für Selbsthilfegruppen
Postfach, 4601 Olten
Tel.: 062 / 2969391

SCHAAN: Kontaktstelle SHG
Postfach 1, 9494 Schaan,
Tel.: 079 / 4191802

ST. GALLEN: Kontaktstelle für Selbsthilfegruppen
Lämmlisbrunnstraße 55, 9000 St. Gallen,
Tel.: 071 / 2222263

THUN: Selbsthilfezentrum Kanton Bern
Marktgasse 17, 3600 Thun
Tel.: 033 / 2217576

TRIMMIS: Team Selbsthilfe Graubünden
Saltinisstraße 31, 7203 Trimmis
Tel.: 081 / 3536515

USTER: Selbsthilfezentrum Züricher Oberland
Im Werk 1, 8610 Uster,
Tel.: 019 / 417100

WEINFELDEN: Team Selbsthilfe Thurgau
Frauenfelderstraße 37, 8570 Weinfelden
Tel.: 071 / 6265843

WINTERTHUR: SelbsthilfeZentrum
Region Winterthur
Holderplatz 4, 8400 Winterthur
Tel.: 052 / 2138060

ZUG: Kontaktstelle Selbsthilfe Zug,
Frauenzentrale Zug
Tirolerweg 8, 6300 Zug
Tel.: 041 / 7252615

ZÜRICH: Selbsthilfe Zürich
Beethovenstraße 45, 8002 Zürich,
Tel.: 043 / 2888888

www.ingramcontent.com/pod-product-compliance
Lightning Source LLC
Chambersburg PA
CBHW070923270326
41927CB00011B/2705